TRAINING

Betriebswirtschaftslehre Rechnungswesen 9. Klasse

Josef Nerl

Lösungen

W0240262

STARK

Umschlagbild: © yystom/Getty-Images

© 2016 by Stark Verlagsgesellschaft mbH & Co. KG
www.stark-verlag.de
1. Auflage 2002

Das Werk und alle seine Bestandteile sind urheberrechtlich geschützt. Jede vollständige oder teilweise Vervielfältigung, Verbreitung und Veröffentlichung bedarf der ausdrücklichen Genehmigung des Verlages.

Inhalt

Wiederholung von Berechnungen und Buchungen

1 a) Die Erfolgskonten weisen keinen Anfangsbestand auf. Sie werden über das GUV-Konto abgeschlossen.

b) Vor jeder Buchung sind vier Überlegungen anzustellen:
- Welche Konten werden berührt?
- Um welche Kontenart handelt es sich (Aktiv- oder Passivkonto)?
- Liegt ein Zugang oder ein Abgang vor?
- Auf welcher Kontenseite wird deshalb gebucht (Soll oder Haben)?

c) Die Unterkonten dienen einer übersichtlicheren Darstellung der Buchführung. Sie werden über das jeweilige Hauptkonto abgeschlossen.

2 Ziffer 5

3 richtig: b, e, f
falsch: a, c, d

4 Bestandskonten: a, b, d
Erfolgskonten: c, e, f

5 a)
- Erstellen der Eröffnungsbilanz
- Eröffnung der Buchführung
- Erfassen der Geschäftsfälle
- Jahresabschluss

b) EBK, Bestandskonten, Erfolgskonten, SBK

c) GUV-Konto, Eigenkapital

d) Der Abschluss der Erfolgskonten (Erfolgsrechnung) erfolgt auf einem separaten Zwischenkonto, dem GUV-Konto. Um die entsprechenden Auswirkungen der Erfolgsvorgänge feststellen zu können, wird das Konto GUV auf das Konto Eigenkapital abgeschlossen. Das Konto Eigenkapital bildet somit eine „Nahtstelle“ zwischen den Bestandskonten und den Erfolgskonten.

6 a) Das EBK ist das Spiegelbild der Eröffnungsbilanz. Außerdem heißen die Seiten der Bilanz Aktiva und Passiva.

b) Das EBK erfüllt das Prinzip der Doppik, es dient für die Gegenbuchung der Anfangsbestände bei der Konteneröffnung.

c)	2400 FO	an	8000 EBK
d)	8000 EBK	an	3000 EK

7 a) – keine Buchung ohne Gegenbuchung
– keine Buchung ohne Beleg

b) – Welche Konten werden berührt?
– Um welche Kontenart handelt es sich (Aktiv- oder Passivkonto)?
– Liegt ein Zugang oder ein Abgang vor?
– Auf welcher Kontenseite wird deshalb gebucht (Soll oder Haben)?

8 a) (1) Abschluss der Unterkonten auf die Hauptkonten
(2) Abschluss der Erfolgskonten auf das Konto GUV
(3) Abschluss des GUV-Kontos auf das Konto Eigenkapital
(4) Abschluss der Bestandskonten auf das Schlussbilanzkonto

b) Der Abschluss der Unterkonten ist eine vorbereitende Abschlussbuchung (VAB).

c)	6030 AWB	an	6031 BZKB

9 a) Aufwands- und Ertragskonten

b) GUV-Konto

c) Das Konto GUV ist das sogenannte Erfolgssammelkonto; hier werden die Aufwendungen und Erträge gegenübergestellt, um festzustellen, ob ein Unternehmen Gewinn oder Verlust erzielt hat.

d)	8020 GUV	an	6000 AWR	280.000,00 €
	5400 EMP	an	8020 GUV	3.900,00 €
	8020 GUV	an	6010 AWF	95.000,00 €
	5000 UEFE	an	8020 GUV	410.000,00 €

10 a) Abschluss auf das Konto Eigenkapital 3000 EK

b) (1) Ein Gewinn erhöht das Eigenkapital.
(2) Ein Verlust vermindert das Eigenkapital.

c) 3000 EK an 8020 GUV

d) (1) 8020 GUV an 3000 EK 70.000,00 €
(2) Es wurde ein Reingewinn erzielt, weil die Erträge größer sind als die Aufwendungen.

11
- Produktivitätsfortschritt
- Wirtschaftswachstum
- Beschäftigung

12 a) Keine Buchung ohne Gegenbuchung.

b)

8010 SBK	an	0500 UGR	200.000,00 €
4400 VE	an	8010 SBK	620.000,00 €
3000 EK	an	8010 SBK	800.000,00 €
8010 SBK	an	2800 BK	210.000,00 €
8010 SBK	an	0840 FP	300.000,00 €
8010 SBK	an	2880 KA	20.000,00 €
8010 SBK	an	2400 FO	465.000,00 €
8010 SBK	an	2600 VORST	35.800,00 €
4800 UST	an	8010 SBK	196.000,00 €
4250 LBKV	an	8010 SBK	190.000,00 €

c) Die Zahlen der Schlussbilanz stammen aus der Inventur.
Die Zahlen des Schlussbilanzkontos stammen aus der Geschäftsbuchführung.

d) Die Schlussbilanz des einen Jahres ist identisch mit der Eröffnungsbilanz des darauf folgenden Jahres.

e) Die durch die Inventur ermittelten Bestände (= **Istbestände →** Schlussbilanz) müssen mit den auf den Konten ermittelten Beständen (= **Sollbestände →** Schlussbilanzkonto) übereinstimmen.

13 a) § 238 HGB → Buchführungspflicht

b) Jeder Kaufmann hat am Ende eines jeden Geschäftsjahres eine Inventur aufzustellen → § 240 Abs. 2 Satz 1 HGB.

c) Aufstellungsgrundsatz (GOB) → § 243 HGB

d) Bilanzen und Buchungsbelege sind zehn Jahre aufzubewahren.

e) § 257 HGB → Aufbewahrung

14 a) Der IKR unterscheidet die Rechnungskreise I (Geschäftsbuchführung) und II (Betriebsbuchführung).

b) Die Gesamtmenge der Konten wird mithilfe der zehn Ziffern unseres Zahlensystems von 0 bis 9 in 10 Kontenklassen eingeteilt. Jede Kontenklasse wird in 10 Kontengruppen gegliedert. Jede Kontengruppe wird in 10 Kontenarten unterteilt. Jede Kontenart kann bis zu 10 Konten aufweisen.

c) Da die Reihenfolge der Kontenklassen nach der gesetzlich vorgeschriebenen Gliederung des Jahresabschlusses (Bilanz und GUV-Rechnung) bestimmt wird, spricht man vom Abschlussgliederungsprinzip. Die Konten bestimmter Kontenklassen, z. B. die Bestandskonten, werden auf das gleiche Abschlusskonto gebucht.

d) Jede Kontonummer im IKR muss aus vier Ziffern bestehen.

15 a) Sofortrabatte werden buchhalterisch nicht gesondert erfasst.

b) Handelswaren sind Güter, die eingekauft und unverändert wieder verkauft werden.

c) Rücksendungen führen zu einer Stornobuchung, d. h. der ursprüngliche Buchungssatz wird umgekehrt. Somit werden mittels Gutschriftsanzeige durch den Lieferer nicht nur die Verbindlichkeiten verringert, sondern auch die entsprechenden Aufwendungen wieder vermindert.

d) – Nachlässe aufgrund von Mängelrügen (Sachmängel)
– Skonti
– Boni

e) Der Bonus ist ein nachträglich gewährter Rabatt (= Umsatzrückvergütung), der z. B. am Jahresende aufgrund eines erreichten Mindestjahresumsatzes gewährt wird.

16 **Beleg Nr. 1:**

6000 AWR	40.500,00 €			
2600 VORST	7.695,00 €	an	4400 VE	48.195,00 €

Beleg Nr. 2:

6001 BZKR	300,00 €			
2600 VORST	57,00 €	an	2880 KA	357,00 €

Beleg Nr. 3:

4400 VE	9.996,00 €	an	6000 AWR	8.400,00 €
		an	2600 VORST	1.596,00 €

Beleg Nr. 4:

4400 VE	59,50 €	an	6022 NH	50,00 €
		an	2600 VORST	9,50 €

Beleg Nr. 5:

4400 VE	1.428,00 €	an	6082 NHW	1.200,00 €
		an	2600 VORST	228,00 €

Beleg Nr. 6:

Rechnungsbetrag	48.195,00 €	100 % →	810,00 €
– 2 % Skonto	963,90 €	2 %	: 119 × 100
Überweisung	47.231,10 €	98 % →	153,90 €

4400 VE	48.195,00 €	an	2800 BK	47.231,10 €
			6002 NR	810,00 €
			2600 VORST	153,90 €

17 a) Eingangsbeleg – Eingangsrechnung, Fremdbeleg

b) Rohstoffe

c) Zahlungsziel 30 Tage (14. 02.–16. 03. = 14 + 16 = 30 Tage)

d) Eigentumsvorbehalt

e) *A. Dürr* ist sogenannter eingetragener Kaufmann (e. Kfm) → Einzelkaufmann

f) Die Fa. *Wohnkreativ* hat sich durch die skontierte Zahlung netto 810,00 € gespart.

g) Alle sechs Belege haben mit dem Einkaufsbereich zu tun.

h) (1) Name und Adresse des Absenders – des Rechnungsausstellers bzw. des leistenden Unternehmens
(2) Name und Adresse des Empfängers – des Leistungsempfängers
(3) Zeitpunkt der Lieferung/Leistung
(4) Genaue Angaben über Menge und Art des gelieferten Gegenstandes bzw. der erbrachten Leistung
(5) Ausstellungsdatum der Rechnung
(6) fortlaufende Nummer der Rechnung – Rechnungsnummer
(7) Steuernummer **oder** Umsatzsteueridentifikationsnummer des leistenden Unternehmens – des Rechnungsstellers
(8) Entgelt (Netto-Entgelt) – evtl. nach Steuersätzen aufgeschlüsselt
(9) den anzuwendenden Steuersatz
(10) den auf das Entgelt entfallenden Steuerbetrag
(11) im Voraus vereinbarte Minderung des Entgelts (z. B. Skonti)

18 a) Der Käufer braucht keine Bezugskosten bezahlen.

b)

Listeneinkaufspreis	80,00 €	100 %
– Liefererrabatt 25 %	20,00 €	25 %
= Zieleinkaufspreis	60,00 €	75 %

c)

Zieleinkaufspreis	60,00 €	100 %
– Liefererskonto 3 %	1,80 €	3 %
= Bareinkaufspreis	58,20 €	97 %

d)

6010 AWF	3.000,00 €			
2600 VORST	570,00 €	an	4400 VE	3.570,00 €

19 a) A6 = Bareinkaufspreis

b) 1.200,00 €

c) Liefererskonto in € = 1.200,00 € – 1.164,00 € = 36,00 €

$$\text{Liefererskonto in } \% = \frac{36{,}00\ € \cdot 100}{1.200{,}00\ €} = 3{,}00$$

Der Liefererskonto beträgt 3,00 %.

20 a) B19 = Summe (B6 : B17)

b) C19 = Summe (C6 : C17)

21 a) A20 = Anzahl (B6 : B17)

b) B20 = Summe (B6 : B17)

c) C20 = Summe (C6 : C17)

22 a) B11 = Mittelwert (B4 : B9)
D11 = Mittelwert (D4 : D9)

b) siehe Aufgabe 21: B22 = Mittelwert (B6 : B17)

c) siehe Aufgabe 21: C22 = Mittelwert (C6 : C17)

23 a) D16 = WENN (B4 > B8 ; C8; C7)

b) E20 = WENN (B4 > B13; E13; E12)

24 a) 6002 NR an 6000 AWR 1.300,00 €

b) – Mengenrabatt wird sofort beim Einkauf gewährt und buchhalterisch nicht erfasst.
– Der Bonus wird nachträglich gewährt und buchhalterisch erfasst.

25 a) In der Verkaufskalkulation wird zuerst der Kundenskonto, dann der Kundenrabatt einkalkuliert (also in umgekehrter Form zur Einkaufskalkulation), weil sich der Kunde zuerst den Rabatt und dann einen eventuellen Skonto abzieht.

b)

Selbstkostenpreis	80,00 €	100 %	Der Barverkaufspreis ist der vermehrte Grundwert
+ Gewinn	20,00 €	x %	
= Barverkaufspreis	60,00 €	100 % + x %	

c) Listeneinkaufspreis und Listenverkaufspreis

26

Selbstkostenpreis	2.556,52 €	100 %		: 100 × 15
+ Gewinn 15 %	383,48 €	15 %		
Barverkaufspreis	2.940,00 €	115 %	98 %	: 98 × 2
+ Kundenskonto 2 %	60,00 €		2 %	
Listenverkaufspreis	3.000,00 €		100 %	

27

Selbstkostenpreis	900,00 €	100 %		
+ Gewinn 21,25 %	191,25 €	21,25 %		: 121,25 × 21,25
Barverkaufspreis	1.091,25 €	121,25 %	97 %	
+ Kundenskonto 3 %	33,75 €		3 %	: 100 × 3
Zielverkaufspreis	1.125,00 €	75 %	100 %	
+ Kundenrabatt 25 %	375,00 €	25 %		: 100 × 25
Listenverkaufspreis	1.500,00 €	100 %		

28

Selbstkostenpreis	2.424,00 €	100 %	
+ Gewinn 25 %	606,00 €	25 %	
Barverkaufspreis	3.030,00 €	125 %	
+ Kundenskonto	93,71 €		x %
Zielverkaufspreis	3.123,71 €	87,5 %	100 %
+ Kundenrabatt 12,5 %	446,24 €	12,5 %	
Listenverkaufspreis	3.569,95 €	100 %	

$$\text{Kundenskonto (\%)} = \frac{\text{Kundenskonto (€)} \cdot 100}{\text{Zielverkaufspreis}} = \frac{93{,}71\text{ €} \cdot 100}{3.123{,}71\text{ €}} = \underline{\underline{3{,}00}}$$

Der Kundenskonto beträgt 3,00 %.

29 a) Handelswaren sind Güter, die eingekauft und unverändert wieder verkauft werden.

b) Einstandspreis der Handelsware

c) Einkaufs- und Verkaufskalkulation

d) Kalkulationsaufschlagsatz und Kalkulationsfaktor

e) Einstandspreis

f) Der Kalkulationsfaktor ist die Zahl, mit der man den Einstandspreis multiplizieren muss, um den Listenverkaufspreis zu erhalten.

30

Listeneinkaufspreis	1.087,51 €	100 %		
– Liefererrabatt 15 %	163,13 €	15 %		: 85 × 15
Zieleinkaufspreis	924,38 €	85 %	100 %	
– Liefererskonto 2 %	18,49 €		2 %	: 98 × 2
Bareinkaufspreis	905,89 €		98 %	
+ Bezugskosten	26,25 €			
Bezugspreis	932,14 €	100 %		
+ GKHW 15 %	139,82 €	15 %		: 115 × 15
Selbstkostenpreis	1.071,96 €	115 %	100 %	
+ Gewinn 20 %	214,39 €		20 %	: 120 × 20
Barverkaufspreis	1.286,35 €	98 %	120 %	
+ Kundenskonto 2 %	26,25 €	2 %		: 100 × 2
Zielverkaufspreis	1.312,60 €	100 %	90 %	
+ Kundenrabatt 10 %	145,85 €		10 %	: 100 × 10
Listenverkaufspreis	1.458,45 €		100 %	

31 a) B5, C6, D8, B10, C12, B19, F18, E16

b) (1) B8=B7*D8
(2) B11=B9+B10
(3) B12=B11*C12
(4) B14=B15−B13
(5) B18=B19*F18
(6) B16=B17*E16

32 a) $\text{Einstandspreis} = \dfrac{\text{Listenverkaufspreis}}{\text{Kalkulationsfaktor}} = \dfrac{94{,}25\ €}{1{,}4500} = 65{,}00\ €$

Listeneinkaufspreis	57,25 €
+ Bezugskosten	7,75 €
Bezugspreis	65,00 €

b) $\text{KA} = (\text{KF} - 1) \cdot 100$
$= (1{,}4500 - 1) \cdot 100 = 45\ \%$

33

Einstandspreis	484,50 €	100 %
+ Kalkulationsaufschlag $33\frac{1}{3}$ %	161,50 €	$33\frac{1}{3}$ %
= Barverkaufspreis	646,00 €	$133\frac{1}{3}$ %

Einstandspreis	484,50 €	100 %	
+ GKHW $16\frac{2}{3}$ %	80,75 €	$16\frac{2}{3}$ %	
Selbstkostenpreis	565,25 €	$116\frac{2}{3}$ %	100 %
+ Gewinn	61,37 €		x %
Barverkaufspreis	626,62 €	97 %	
+ Kundenskonto 3 %	19,38 €	3 %	
Listenverkaufspreis	646,00 €	100 %	

$$\text{Gewinn}\ (\%) = \frac{\text{Gewinn}\ (€) \cdot 100}{\text{Selbstkostenpreis}} = \frac{61{,}37\ € \cdot 100}{565{,}25\ €} = \underline{\underline{10{,}86}}$$

Der Gewinn beträgt 10,86 %.

34 a) Sofortrabatte im Verkaufsbereich werden buchhalterisch nicht erfasst.

b) – Lieferung ab Werk
– Lieferung frei Haus

c) – Kosten für die Verpackung
– Kosten für den Transport

d) Das Konto 5001 EBFE ist ein Unterkonto des Kontos 5000 UEFE.

35 **Beleg Nr. 1:**

2400 FO	9.972,20 €	an	5100 UEHW	8.380,00 €
			4800 UST	1.592,20 €

Beleg Nr. 2:

6140 AFR	220,00 €			
2600 VORST	41,80 €	an	2880 KA	261,80 €

Beleg Nr. 3:

5100 UEHW	800,00 €			
4800 UST	152,00 €	an	2400 FO	952,00 €

Beleg Nr. 4:

5001 EBFE	700,00 €			
4800 UST	133,00 €	an	2400 FO	833,00 €

Beleg Nr. 5:

5001 EBFE	1.900,00 €			
4800 UST	361,00 €	an	2400 FO	2.261,00 €

Beleg Nr. 6:

2400 FO	12.138,00 €	an	5000 UEFE	10.200,00 €
			4800 UST	1.938,00 €

Beleg Nr. 7:

Rechnungsbetrag	12.138,00 €	100 % →	306,00 €
– 3 % Skonto	364,14 €	3 %	: 119 × 100
Überweisung	11.773,86 €	97 % →	58,14 €

2800 BK	11.773,86 €			
5001 EBFE	306,00 €			
4800 UST	58,14 €	an	2400 FO	12.138,00 €

36 a) Ausgangsrechnung (Ausgangsbeleg), Eigenbeleg

b) Handelswaren

c) 30 Tage (16. 02. 20..–18. 03. 20.. = 12 + 18 = 30 Tage)

d) Beleg Nr. 2 und Beleg Nr. 7 sind Eingangsbelege.

37 a) A6 = Zielverkaufspreis

b) C3=C2*B3

c) Gewinn in € $= \frac{1.960,00 \cdot 20}{100} = 392,00$ €

d) C4=C2+C3

e) 1.960,00 € + 392,00 € = 2.352,00 €

f) C8=C6+C7

g) 2.400,00 € + 600,00 € = 3.000,00 €

h)

2400 FO	2.856,00 €	an	5000 UEFE	2.400,00 €
			4800 UST	456,00 €

38 a) B10 = Summe (B3 : B8)

b) D10 = Summe (D3 : D8)

39 a)

18 Türen à 700,00 €	12.600,00 €
– 5 % Sonderrabatt	630,00 €
Nettobetrag	11.970,00 €

2400 FO	14.244,30 €	an	5000 UEFE	11.970,00 €
			4800 UST	2.274,30 €

b)

2400 FO	10.710,00 €	an	5000 UEFE	9.000,00 €
			4800 UST	1.710,00 €

c)

6140 AFR	110,00 €			
2600 VORST	20,90 €	an	2880 KA	130,90 €

d) 70 % aus 450,00 € = 315,00 € netto

5000 UEFE	315,00 €			
4800 UST	59,85 €	an	2400 FO	374,85 €

e)

5101 EBHW	890,00 €			
4800 UST	169,10 €	an	2400 FO	1.059,10 €

f) 3 % aus 85.000,00 € = 2.550,00 € netto

5001 EBFE	2.550,00 €			
4800 UST	484,50 €	an	2400 FO	3.034,50 €

g)

5100 UEHW		an	5101 EBHW	7.000,00 €

h)

Rechnungsbetrag	3.153,50 €
– 2 % Skonto	63,07 €
Überweisung	3.090,43 €

100 % 53,00 €
2 % : 119 × 100
98 % 10,07 €

2800 BK	3.090,43 €			
5101 EBHW	53,00 €			
4800 UST	10,07 €	an	2400 FO	3.153,50 €

i)

Rechnungsbetrag	4.581,50 €
– 2 % Skonto	91,63 €
Überweisung	4.489,87 €

100 % 77,00 €
2 % : 119 × 100
98 % 14,63 €

2800 BK	4.489,87 €			
5001 EBFE	77,00 €			
4800 UST	14,63 €	an	2400 FO	4.581,50 €

40 a) Die Umsatzsteuer
- ist steuerrechtlich eine **Verkehrssteuer**,
- hat den Charakter einer **Verbrauchssteuer**,
- wird als **indirekte Steuer** bezeichnet.

b) 7 %

c) – Umsätze der Banken
- Umsätze der Ärzte, Zahnärzte, Heilpraktiker
- Umsätze der Alten-, Kranken- und Pflegeheime

41 a) Die Umsatzsteuer wird auch als Mehrwertsteuer bezeichnet, weil auf jeder Umsatz- bzw. Produktionsstufe jeweils der sogenannte „Mehrwert" (= Wertschöpfung) besteuert wird.

b) der Endverbraucher

c) Wertschöpfung

42 a) auf elektronischem Weg laut § 18 UStG

b) Die Umsatzsteuervoranmeldung hat bis zum 10. Tag (des Folgemonats) nach Ablauf eines Kalendermonats an das Finanzamt zu erfolgen.

c) der Unternehmer (= Steuerschuldner)

43 a) Vorsteuer → Forderung gegenüber dem Finanzamt
Umsatzsteuer → Verbindlichkeit gegenüber dem Finanzamt

b) Umsatzsteuer (= USt. auf Ausgangsrechnungen)
– Vorsteuer (= USt. auf Eingangsrechnungen)
= Zahllast (= Umsatzsteuerschuld)

44 a) Vorsteuer → 19 % aus 159.000,00 € (= Wareneingang)
↳ 30.210,00 €
Umsatzsteuer → 19 % aus 178.750,00 € (= Warenausgang)
↳ 33.962,50 €

b)

Umsatzsteuer	33.962,50 €
– Vorsteuer	30.210,00 €
= Zahllast	3.752,50 €

c)/d)

S	2600 VORST		H
4400	30.210,00	4800	30.210,00

S	4800 UST		H
2600	30.210,00	2400	33.962,00
2800	3.752,50		
	33.962,50		33.962,50

	4800 UST	an 2600 VORST	30.210,00 €
e)	4800 UST	an 2800 BK	3.752,50 €

45 a) DE 699 736 845 → zwei Buchstaben für das Länderkennzeichen
→ neun Ziffern (nur Ziffern)

b) 01. 01. 1993

c) – Deutsche Unternehmen können mit der USt-IdNr. steuerfrei an Unternehmen in EU-Mitgliedsstaaten liefern, wenn diese ebenfalls eine USt-IdNr. besitzen.
– Die USt-IdNr. ist wichtig für die Unternehmen und deren Leistungsempfänger, um bei der Rechnungsstellung ihren Verpflichtungen gemäß § 14 UStG nachzukommen.

46 a) ab 1. 1. 2007

b)

2015:	210 Mrd. €
2010:	180 Mrd. €
Anstieg	30 Mrd. €

$$x = \frac{30 \text{ Mrd. €} \cdot 100}{180 \text{ Mrd. €}} = 16,67$$

Der Anstieg in Prozent beträgt 16,67 %.

47 a) (1) Ungarn
(2) Luxemburg

b) Deutschland liegt im unteren Bereich.

48 a) Steuern sind Pflichtabgaben an den Staat ohne direkte Gegenleistung.

b) Beim Leasing (engl. to lease: mieten/vermieten) handelt es sich um eine Art Sachkreditgewährung (auch Sachleihe) gegen Bezahlung eines bestimmten Mietpreises (**Leasingrate**).

c) – stets neueste Technik der Anlagegüter zur Verfügung
– steuerliche Vorteile

49 a) Umsatzsteuer, Lohnsteuer

b)

Lohnsteuer	167,983 Mrd. €
+ Umsatzsteuer	203,110 Mrd. €
	371,093 Mrd. €

$$x = \frac{371{,}093 \text{ Mrd. €} \cdot 100}{643{,}617 \text{ Mrd. €}} = \underline{\underline{57{,}66}}$$

Der Anteil an den gesamten Steuereinnahmen beträgt 57,66 %.

c) Gewerbesteuer, Grundsteuer, Kfz-Steuer

d) Umsatzsteuer, einbehaltene Lohn- und Kirchensteuer

e) (1) Grunderwerbsteuer
(2) 9,339 Mrd. Euro

50 a) Eingangsbeleg (Fremdbeleg)

b)

b)	6730 GEB	70,52 €			
	2600 VORST	13,40 €	an	4400 VE	83,92 €

51

a)	6700 AWMP	600,00 €				← : 119 × 100
	2600 VORST	114,00 €	an	2800 BK	714,00 €	
b)	6710 LS	300,00 €				← : 119 × 100
	2600 VORST	57,00 €	an	2800 BK	357,00 €	
c)	6750 KGV		an	2800 BK	30,00 €	
d)	6770 RBK	1.000,00 €				← : 119 × 100
	2600 VORST	190,00 €	an	4400 VE	1.190,00 €	
e)	6800 BMK	450,00 €				← : 119 × 100
	2600 VORST	85,50 €	an	4400 VE	535,50 €	
f)	6810 ZFL	144,00 €				← : 107 × 100
	2600 VORST	10,08 €	an	4400 VE	154,08 €	
g)	6850 REK	150,00 €				← : 119 × 100
	2600 VORST	28,50 €	an	2880 KA	178,50 €	
h)	6900 VBEI		an	2800 BK	9.750,00 €	
i)	6920 BWB		an	2800 BK	475,00 €	
j)	2800 BK	2.142,00 €	an	5400 EMP	1.800,00 €	
				4800 UST	342,00 €	

52 a) Mittels Privatkonto erreicht der Unternehmer eine eindeutige Trennung zwischen dem privaten und dem betrieblichen Bereich.

b) Das Konto 3001 P ist ein Unterkonto des Kontos 3000 EK und dient der Übersichtlichkeit der Buchführung.

c) 3000 EK

d) Privatentnahmen und Privateinlagen

e) Privatentnahmen vermindern das Eigenkapital,
Privateinlagen erhöhen das Eigenkapital.

53

a)	3001 P	an	2880 KA	2.000,00 €
b)	3001 P	an	2800 BK	700,00 €
c)	0500 UGR	an	3001 P	45.000,00 €
d)	3001 P	an	2800 BK	580,00 €
e)	3001 P	an	2800 BK	3.960,00 €
f)	3001 P ↳ Überwiegen der Privateinlagen	an	3000 EK	140.000,00 €
g)	3000 EK	an	3001 P	170.000,00 €

54 Bestandsrechnung → Passiva, Aktiva

Erfolgsrechnung → Aufwendungen, Erträge

Geldrechnung → Ausgaben, Einnahmen

55 a) Aufwand und Ausgabe

b) Ausgabe

c) Ausgabe

d) Einnahme

e) Einnahme

f) Aufwand und Ausgabe

g) Ertrag und Einnahme

56 a) Eigenkapitalvergleich, Erfolgsrechnung

b) (1) Kapitalminderung = Schlussbestand < Anfangsbestand
(2) Kapitalmehrung = Schlussbestand > Anfangsbestand

c) (1) Kapitalminderung bedeutet Reinverlust.
(2) Kapitalmehrung bedeutet Reingewinn.

d) (1) Reingewinn = Erträge > Aufwendungen
(2) Reinverlust = Erträge < Aufwendungen

57 a)

Eigenkapital Schlussbestand		590.000,00 €
– Eigenkapital Anfangsbestand		600.000,00 €
= Reinverlust (Jahresfehlbetrag)	(–)	10.000,00 €

b)

Eigenkapital Schlussbestand		650.000,00 €
– Eigenkapital Anfangsbestand		590.000,00 €
= Reingewinn (Jahresüberschuss)	(+)	60.000,00 €

c)

Erträge		1.760.000,00 €
– Aufwendungen		1.468.000,00 €
= Reingewinn (Jahresüberschuss)	(+)	292.000,00 €

d)

Erträge		416.000,00 €
– Aufwendungen		420.000,00 €
= Reinverlust (Jahresfehlbetrag)	(–)	4.000,00 €

Möglichkeiten der Finanzierung und der Kapitalanlage

58 $\text{Jahreszinsen} = \dfrac{K \cdot p \cdot J}{100}$

a) $\dfrac{28.500 \cdot 7 \cdot 1}{100} = \underline{\underline{1.995,00\ €}}$

b) $\dfrac{130.000 \cdot 3,5 \cdot 1}{100} = \underline{\underline{4.550,00\ €}}$

c) $\dfrac{80.000 \cdot 2,25 \cdot 1}{100} = \underline{\underline{1.800,00\ €}}$

d) $\dfrac{5.100 \cdot 1,5 \cdot 1}{100} = \underline{\underline{76,50\ €}}$

59 $\text{Jahreszinsen} = \dfrac{K \cdot p \cdot J}{100}$

a) $\dfrac{30.200 \cdot 4 \cdot 2}{100} = \underline{\underline{2.416,00\ €}}$

b) $\dfrac{170.000 \cdot 7 \cdot 3}{100} = \underline{\underline{35.700,00\ €}}$

60 a) **17. 09. – 31. 12.**
$13 + 31 + 30 + 31 = 105$ Tage

b) **01. 07. – 28. 11.**
$30 + 31 + 30 + 31 + 28 = 150$ Tage

c) **17. 12. – 11. 01.** (d. n. J.)
$14 + 11 = 25$ Tage

d) **09. 01. – 28. 02.**
$22 + 28 = 50$ Tage

e) **11. 02. – 30. 04.**
$17 + 31 + 30 = 78$ Tage

f) **01. 04. – 31. 05.**
$29 + 31 = 60$ Tage

g) **29. 03. – 18. 08.**
$2 + 30 + 31 + 30 + 31 + 18 = 142$ Tage

h) **27. 04. – 01. 03.** (d. n. J.)
$3 + 31 + 30 + 31 + 31 + 30 + 31 + 30 + 31 + 31 + 28 + 1 = 308$ Tage

i) **18. 10. – 28. 02.** (d. n. J.)
$13 + 30 + 31 + 31 + 28 = 133$ Tage

61 Tageszinsen $= \frac{K \cdot p \cdot t}{100 \cdot 365}$

a) **01. 08. – 28. 09.**
$30 + 28 = 58$ Tage

$$Z = \frac{7.800 \cdot 8,5 \cdot 58}{100 \cdot 365} = \underline{\underline{105,35\ €}}$$

b) $Z = \frac{13.780,30 \cdot 6 \cdot 105}{100 \cdot 365} = \underline{\underline{237,85\ €}}$

c) **17. 06. – 31. 08.**
$13 + 31 + 31 = 75$ Tage

$$Z = \frac{38.960,50 \cdot 7,25 \cdot 75}{100 \cdot 365} = \underline{\underline{580,40\ €}}$$

d) **17. 02. – 28. 02.** $= 11$ Tage

$$Z = \frac{8.248 \cdot 9 \cdot 11}{100 \cdot 365} = \underline{\underline{22,37\ €}}$$

e) **30. 01. – 28. 03.**
$1 + 28 + 28 = 57$ Tage

$$Z = \frac{94.800 \cdot 4,5 \cdot 57}{100 \cdot 365} = \underline{\underline{666,20\ €}}$$

f) **15. 05. – 30. 06.**
$16 + 30 = 46$ Tage

$$Z = \frac{3.090,50 \cdot 5 \cdot 46}{100 \cdot 365} = \underline{\underline{19,47\ €}}$$

62 **Tage: 28. 11. – 17. 02.** (d. n. J.)

$2 + 31 + 31 + 17 = 81$ Tage

$$Z = \frac{2.000 \cdot 14{,}5 \cdot 81}{100 \cdot 365} = \underline{\underline{64{,}36\ €}}$$

Die Bank belastet das Gehaltskonto des Arbeitnehmers mit 64,36 €.

63 a)

Prozentrechnung		**Zinsrechnung**
Grundwert		Kapital
Prozentsatz		Zinssatz
Prozentwert		Zinsen
–	→	Zeit

b) Zinsjahr = 365 Tage
Der Zinsmonat zählt kalendergenau (z. B. Januar 31 Tage, Februar 28 bzw. 29 Tage, März 31 Tage, April 30 Tage usw.).
Der 1. Tag der Zinslaufzeit zählt nicht, der letzte Tag wird mitgerechnet.

c) $\text{Zinsen} = \frac{K \cdot p \cdot t}{100 \cdot 365}$ (bzw. 366 Tage)

64 $\text{Kapital} = \frac{Z \cdot 100 \cdot 365}{p \cdot t}$

a) **Tage: 18. 04. – 31. 05.**

$12 + 31 = 43$ Tage

$$K = \frac{350 \cdot 100 \cdot 365}{5 \cdot 43} = \underline{\underline{59.418{,}60\ €}}$$

b) $$K = \frac{250 \cdot 100 \cdot 365}{6 \cdot 200} = \underline{\underline{7.604{,}17\ €}}$$

c) **Tage: 27. 12. – 28. 02.** (d. n. J.)

$4 + 31 + 28 = 63$ Tage

$$K = \frac{38{,}75 \cdot 100 \cdot 365}{9 \cdot 63} = \underline{\underline{2.494{,}49\ €}}$$

d) **Tage: 31. 12. – 31. 03.** (d. n. J.)

$31 + 28 + 31 = 90$ Tage

$$K = \frac{38{,}75 \cdot 100 \cdot 365}{2{,}5 \cdot 90} = \underline{\underline{6.286{,}11\ €}}$$

65 $K = \frac{900 \cdot 100 \cdot 365}{5 \cdot 73} = \underline{\underline{90.000,00 \text{ €}}}$

Das Darlehen beträgt 90.000,00 €.

66 a) **Tage: 30. 04. – 12. 07.**

$31 + 30 + 12 = 73$ Tage

$K = \frac{417,60 \cdot 100 \cdot 365}{9 \cdot 73} = \underline{\underline{23.200,00 \text{ €}}}$

Der Rechnungsbetrag betrug 23.200,00 €.

b)

Rechnungsbetrag	23.200,00 €
+ Verzugszinsen 9 %/73 Tage	417,60 €
Gesamtbetrag	23.617,60 €

67 **Tage: 14. 03. – 31. 12.**

$17 + 30 + 31 + 30 + 31 + 31 + 30 + 31 + 30 + 31 = 292$ Tage

$K = \frac{1.600 \cdot 100 \cdot 365}{4 \cdot 292} = \underline{\underline{50.000,00 \text{ €}}}$

Das Sparguthaben lautet auf einen Betrag von 50.000,00 €.

68 Zinssatz (p) $= \frac{Z \cdot 100 \cdot 365}{K \cdot t}$

a) **Tage: 27. 02. – 11. 05.**

$1 + 31 + 30 + 11 = 73$ Tage

$p = \frac{170 \text{ €} \cdot 100 \cdot 365}{17.000 \text{ €} \cdot 73} = \underline{\underline{5,00}}$

Der Zinssatz beträgt 5,00 %.

b) $p = \frac{159,00 \text{ €} \cdot 100 \cdot 365}{2.650 \text{ €} \cdot 219} = \underline{\underline{10,00}}$

Der Zinssatz beträgt 10,00 %.

c) **Tage: 31. 03. – 24. 08.**

$30 + 31 + 30 + 31 + 24 = 146$ Tage

$p = \frac{1.211,52 \text{ €} \cdot 100 \cdot 365}{37.860 \text{ €} \cdot 146} = \underline{\underline{8,00}}$

Der Zinssatz beträgt 8,00 %.

d) **Tage: 05. 02. – 31. 12.**

$23+31+30+31+30+31+31+30+31+30+31=329$ Tage

$$p=\frac{10{,}01\ € \cdot 100 \cdot 365}{740\ € \cdot 329}=\underline{\underline{1{,}50}}$$

Der Zinssatz beträgt 1,50 %.

e) **Tage: 28. 01. – 17. 05.**

$3+28+31+30+17=109$ Tage

$$p=\frac{1.911{,}23\ € \cdot 100 \cdot 365}{160.000\ € \cdot 109}=\underline{\underline{4{,}00}}$$

Der Zinssatz beträgt 4,00 %.

69 $$p=\frac{199{,}90\ € \cdot 100 \cdot 365}{23.200\ € \cdot 37}=8{,}499 \approx \underline{\underline{8{,}50}}$$

Der Zinssatz beträgt 8,50 %.

70 $$\text{Zinssatz}\,(p)=\frac{Z \cdot 100 \cdot 365}{K \cdot t}$$

Tage (Zeit): 11. 04. – 23. 12.

$19+31+30+31+31+30+31+30+23=256$ Tage

Zinsen: 42.104,11 € – 40.000,00 € = 2.104,11 €

$$p=\frac{2.104{,}11\ € \cdot 100 \cdot 365}{40.000\ € \cdot 256}=\underline{\underline{7{,}50}}$$

Der Zinssatz beträgt 7,50 %.

71 $$p=\frac{1.356{,}16\ € \cdot 100 \cdot 365}{90.000\ € \cdot 110}=4{,}999 \approx \underline{\underline{5{,}00}}$$

Der Zinssatz beträgt 5,00 %.

72 $$\text{Zeit (Tage)}=\frac{Z \cdot 100 \cdot 365}{K \cdot p}$$

a) $$\text{Tage}=\frac{378{,}58 \cdot 100 \cdot 365}{5.600 \cdot 7{,}5}=\underline{\underline{329\ \text{Tage}}}$$

b) $$\text{Tage}=\frac{192{,}00 \cdot 100 \cdot 365}{12.000 \cdot 8}=\underline{\underline{73\ \text{Tage}}}$$

c) $\text{Tage} = \frac{218{,}83 \cdot 100 \cdot 365}{7.800 \cdot 4} = \underline{\underline{256 \text{ Tage}}}$

d) $\text{Tage} = \frac{2.358{,}00 \cdot 100 \cdot 365}{65.500 \cdot 6} = \underline{\underline{219 \text{ Tage}}}$

e) $\text{Tage} = \frac{23{,}52 \cdot 100 \cdot 365}{840 \cdot 3{,}5} = \underline{\underline{292 \text{ Tage}}}$

f) $\text{Tage} = \frac{2.066{,}65 \cdot 100 \cdot 365}{45.800 \cdot 9} = \underline{\underline{183 \text{ Tage}}}$

73 $\text{Tage} = \frac{1.012{,}60 \cdot 100 \cdot 365}{42.000 \cdot 8} = 109{,}999 \approx 110 \text{ Tage}$

$15.\,04. + 110 \text{ Tage} = \underline{\underline{03.08.}}$

74 Zinsen = 102.000,00 € – 100.000,00 € = 2.000,00 €

$\text{Tage} = \frac{2.000 \cdot 100 \cdot 365}{100.000 \cdot 10} = 73 \text{ Tage}$

$30.08. - 73 \text{ Tage} = \underline{\underline{18.06.}}$

75 $\text{Tage} = \frac{33{,}45 \cdot 100 \cdot 365}{4.400 \cdot 7{,}5} = 36{,}997 \approx \underline{\underline{37 \text{ Tage}}}$

76 b, c, e, f, g

77 $\text{relativer Zinssatz} = \frac{p \cdot t}{365}$

a) $\text{rel. ZS} = \frac{7{,}5 \cdot 292}{365} = \underline{\underline{6\,\%}}$

b) $\text{rel. ZS} = \frac{9 \cdot 73}{365} = \underline{\underline{1{,}8\,\%}}$

c) $\text{rel. ZS} = \frac{6 \cdot 219}{365} = \underline{\underline{3{,}6\,\%}}$

d) rel. ZS $= \frac{4{,}5 \cdot 146}{365} = \underline{\underline{1{,}8\,\%}}$

e) rel. ZS $= \frac{7{,}3 \cdot 36}{365} = \underline{\underline{0{,}72\,\%}}$

f) rel. ZS $= \frac{3{,}65 \cdot 88}{365} = \underline{\underline{0{,}88\,\%}}$

78 **Tage: 22. 03. – 22. 09.** $= 9 + 30 + 31 + 30 + 31 + 31 + 22 = 184$ Tage

a) $Z = \frac{K \cdot p \cdot t}{100 \cdot 365}$

$Z = \frac{5.000 \cdot 10{,}95 \cdot 184}{100 \cdot 365} = \underline{\underline{276{,}00\,€}}$

b) rel. ZS $= \frac{p \cdot t}{365} = \frac{10{,}95 \cdot 184}{365} = \underline{\underline{5{,}52\,\%}}$

79 a) relativer Zinssatz $= \frac{6 \cdot 146}{365} = 2{,}4\,\%$

Darlehen	30.000,00 €	↑	100 %
+ Zinsen 6 %/146 Tage	720,00 €		2,4 %
Rückzahlung	30.720,00 €		102,4 %

30.720,00 € : 102,4 · 100 = 30.000,00 €

b) rel. ZS $= \frac{8 \cdot 219}{365} = 4{,}8\,\%$

Darlehen	6.500,00 €	↑	100 %
+ Zinsen 8 %/219 Tage	312,00 €		4,8 %
Rückzahlung	6.812,00 €		104,8 %

6.812,00 € : 104,8 · 100 = 6.500,00 €

c) rel. ZS $= \frac{9 \cdot 292}{365} = 7{,}2\,\%$

Darlehen	9.000,00 €	↑	100 %
+ Zinsen 9 %/292 Tage	648,00 €		7,2 %
Rückzahlung	9.648,00 €		107,2 %

9.648,00 € : 107,2 · 100 = 9.000,00 €

d) $\text{rel. ZS} = \dfrac{14,6 \cdot 60}{365} = 2,4\ \%$

Darlehen	12.000,00 €	100 %
+ Zinsen 14,6 %/60 Tage	288,00 €	2,4 %
Rückzahlung	12.288,00 €	102,4 %

12.288,00 € : 102,4 · 100 = 12.000,00 €

80 **Tage: 27. 03. – 08. 06.** = 4 + 30 + 31 + 8 = 73 Tage

$\text{rel. ZS} = \dfrac{4 \cdot 73}{365} = 0,8\ \%$

Festgeld	50.000,00 €	100 %
+ Zinsen 4 %/73 Tage	400,00 €	0,8 %
Gesamtbetrag	50.400,00 €	100,8 %

50.400,00 € : 100,8 · 100 = 50.000,00 €

81 **Tage: 22. 01. 20.. – 05. 04. 20..** = 5 + 28 + 31 + 9 = 73 Tage

Ursprünglicher Rechnungsbetrag	11.600,00 €	100 %
+ Verzugszinsen 9 %/73 Tage	208,80 €	1,8 %
Gesamtbetrag einschl. Verzugsz.	11.808,80 €	101,8 %

$\text{rel. ZS} = \dfrac{73 \cdot 9}{365} = 1,8\ \%$

11.808,80 € : 101,8 · 100 = 11.600,00 €

82 **Tage: 06. 11. 20.. – 26. 03. 20..** = 24 + 31 + 31 + 28 + 26 = 140 Tage

Darlehen	150.000,00 €	100 %
+ Zinsen 10,95 %/140 Tage	6.300,00 €	4,2 %
Darlehen einschl. Zinsen	156.300,00 €	104,2 %

$\text{rel. ZS} = \dfrac{10,95 \cdot 140}{365} = 4,2\ \%$

156.300,00 € : 104,2 · 100 = 150.000,00 €

83 a) $\text{rel. ZS} = \dfrac{6 \cdot 292}{365} = 4,8\ \%$

Kredit	54.000,00 €	100 %
– Zinsen 6 %/292 Tage	2.592,00 €	4,8 %
Auszahlung	51.408,00 €	95,2 %

51.408,00 € : 95,2 · 100 = 54.000,00 €

b) rel. ZS = $\frac{7 \cdot 219}{365} = 4,2\ \%$

Kredit	21.000,00 €	100 %
– Zinsen 7 %/219 Tage	882,00 €	4,2 %
Auszahlung	20.118,00 €	95,8 %

20.118,00 € : 95,8 · 100 = 21.000,00 €

c) rel. ZS = $\frac{3,65 \cdot 124}{365} = 1,24\ \%$

Kredit	3.800,00 €	100 %
– Zinsen 3,65 %/124 Tage	47,12 €	1,24 %
Auszahlung	3.752,88 €	98,76 %

3.752,88 € : 98,76 · 100 = 3.800,00 €

d) rel. ZS = $\frac{7,3 \cdot 240}{365} = 4,8\ \%$

Kredit	1.800,00 €	100 %
– Zinsen 7,3 %/240 Tage	86,40 €	4,8 %
Auszahlung	1.713,60 €	95,2 %

1.713,60 € : 95,2 · 100 = 1.800,00 €

84 **Tage: 25. 03. – 18. 08.** = 6 + 30 + 31 + 30 + 31 + 18 = 146 Tage

rel. ZS = $\frac{8 \cdot 146}{365} = 3,2\ \%$

Kredit	15.000,00 €	100 %
– Zinsen 8 %/146 Tage	480,00 €	3,2 %
Auszahlung	14.520,00 €	96,8 %

14.520,00 € : 96,8 · 100 = 15.000,00 €

85 **Tage: 09. 08. 20.. – 16. 03. 20..** = 22 + 30 + 31 + 30 + 31 + 31 + 28 + 16 = 219 Tage

Darlehen	50.000,00 €	100 %
– Zinsen 9,5 %/219 Tage	2.850,00 €	5,7 %
Auszahlung	47.150,00 €	94,3 %

$$\text{rel. ZS} = \frac{9{,}5 \cdot 219}{365} = 5{,}7\ \%$$

47.150,00 € : 94,3 · 100 = 50.000,00 €

86

a) falsch	b) richtig	c) falsch
d) falsch	e) richtig	f) falsch

87

a) falsch	b) richtig	c) falsch
d) falsch	e) richtig	f) richtig
g) richtig	h) richtig	i) falsch

88

Rechnung	23.800,00 €		→ 600,00 € Nettoskonto
– 3 % Skonto	714,00 €	: 119 × 100	
Zahlung	23.086,00 €		→ 114,00 € USt.

Kreditdauer: Zahlungsziel – Skontofrist
= 60 Tage – 10 Tage = 50 Tage

$$\text{effektiver Zinssatz (für 3 \% Skonto)} = \frac{600\ € \cdot 100 \cdot 365}{23.086{,}00\ € \cdot 50} = \underline{\underline{18{,}97}}$$

Der Skonto von 3 % entspricht einem effektiven Zinssatz von 18,97 %.

89 a)

Rechnung	29.750,00 €		→ 625,00 € Nettoskonto
– 2,5 % Skonto	743,75 €	: 119 × 100	
Zahlung	29.006,25 €		→ 118,75 € USt.

Kreditdauer: Zahlungsziel – Skontofrist
= 60 Tage – 10 Tage = 50 Tage

$$\text{effektiver Zinssatz (für 2,5 \% Skonto)} = \frac{625\ € \cdot 100 \cdot 365}{29.006{,}25\ € \cdot 50} = \underline{\underline{15{,}73}}$$

Der Skonto von 2,5 % entspricht einem effektiven Zinssatz von 15,73 %.

b)

Rechnung	5.355,00 €		→ 67,50 € Nettoskonto
– 1,5 % Skonto	80,33 €	: 119 × 100	
Zahlung	5.274,67 €		→ 12,83 € USt.

Kreditlaufzeit: Zahlungsziel – Skontofrist
= 40 Tage – 14 Tage = 26 Tage

$$\text{effektiver Zinssatz (für 1,5 \% Skonto)} = \frac{67{,}50\ € \cdot 100 \cdot 365}{5.274{,}67\ € \cdot 26} = \underline{\underline{17{,}97}}$$

Der Skonto von 1,5 % entspricht einem effektiven Zinssatz von 17,97 %.

90 a) richtig b) falsch c) richtig

d) falsch e) richtig

91 a)

Rechnung	23.800,00 €	→ 600,00 €	Nettoskonto
– 3 % Skonto	714,00 €	: 119 × 100	
Zahlung (= Kredit)	23.086,00 €	→ 114,00 €	USt.

$$\text{Zinsen} = \frac{23.086{,}00 \cdot 13 \cdot 66}{100 \cdot 365} = 542{,}68\ €$$

Skonto netto	600,00 €
– Zinsen	542,68 €
Ersparnis	57,32 €

b)

Rechnung	8.211,00 €	→ 138,00 €	Nettoskonto
– 2 % Skonto	164,22 €	: 119 × 100	
Zahlung (= Kredit)	8.046,78 €	→ 26,22 €	USt.

$$\text{Zinsen} = \frac{8.046{,}78 \cdot 14 \cdot 40}{100 \cdot 365} = 123{,}46\ €$$

Skonto netto	138,00 €
– Zinsen	123,46 €
Ersparnis	14,54 €

c)

Rechnung	49.980,00 €	→ 630,00 €	Nettoskonto
– 1,5 % Skonto	749,70 €	: 119 × 100	
Zahlung (= Kredit)	49.230,30 €	→ 119,70 €	USt.

$$\text{Zinsen} = \frac{49.230{,}30 \cdot 12 \cdot 22}{100 \cdot 365} = 356{,}08\ €$$

Skonto netto	630,00 €
– Zinsen	356,08 €
Ersparnis	273,92 €

92 a) falsch b) richtig c) richtig

d) falsch e) richtig

93 a) **Angebot Raiffeisenbank**

Ermittlung des Auszahlungsbetrages:

Darlehen	900.000,00 €
– 5 % Disagio	45.000,00 €
Auszahlung	855.000,00 €

Berechnung der Kreditkosten:

$\text{Zinsen} = \frac{900.000,00 \cdot 1,5 \cdot 10}{100} =$	135.000,00 €
+ 5 % Disagio	45.000,00 €
wirkliche Kreditkosten	180.000,00 €

$$\text{effektiver Zinssatz} = \frac{180.000,00\ € \cdot 100 \cdot 365}{855.000,00\ € \cdot 3.650} = \underline{\underline{2,11}}$$

Der effektive Zinssatz beträgt 2,11 %.

b) **Angebot Kreditbank**

Ermittlung des Auszahlungsbetrages:

Darlehen	900.000,00 €
– 4,5 % Disagio	40.500,00 €
Auszahlung	859.500,00 €

Berechnung der Kreditkosten:

$\text{Zinsen} = \frac{900.000,00 \cdot 2,0 \cdot 10}{100} =$	180.000,00 €
+ 4,5 % Disagio	40.500,00 €
wirkliche Kreditkosten	220.500,00 €

$$\text{effektiver Zinssatz} = \frac{220.500,00\ € \cdot 100 \cdot 365}{859.500,00\ € \cdot 3.650} = \underline{\underline{2,57}}$$

Der effektive Zinssatz beträgt 2,57 %.

c) **Angebot Sparkasse**

Ermittlung des Auszahlungsbetrages:

Darlehen	900.000,00 €
– 4,0 % Disagio	36.000,00 €
Auszahlung	864.000,00 €

Berechnung der Kreditkosten:

$\text{Zinsen} = \frac{900.000,00 \cdot 2,5 \cdot 10}{100} =$	225.000,00 €
+ 4,0 % Disagio	36.000,00 €
wirkliche Kreditkosten	261.000,00 €

$$\text{effektiver Zinssatz} = \frac{261.000,00\ € \cdot 100 \cdot 365}{864.000,00\ € \cdot 3.650} = \underline{\underline{3,02}}$$

Der effektive Zinssatz beträgt 3,02 %.

Die Fa. *Wohnkreativ* entscheidet sich für das Angebot der Raiffeisenbank, weil es den niedrigsten Effektivzinssatz bietet.

94 Ermittlung des Auszahlungsbetrages:

Darlehen	150.000,00 €
– 5 % Disagio	7.500,00 €
Auszahlung	142.500,00 €

Berechnung der Kreditkosten:

$\text{Zinsen} = \frac{150.000,00 \cdot 1,75 \cdot 3}{100} =$	7.875,00 €
+ 5 % Disagio	7.500,00 €
wirkliche Kreditkosten	15.375,00 €

$$\text{effektiver Zinssatz} = \frac{15.375,00\ € \cdot 100 \cdot 365}{142.500,00\ € \cdot 1.095} = \underline{\underline{3,60}}$$

Der effektive Zinssatz beträgt 3,60 %.

95 a) B9=B3*B5*B4/365
B11=B3*B7
B13=B9+B11
B15=B3–B11
B16=B13*365/B15/B4

b) Die Formeln B9:B16 in den Bereich C9:C16 kopieren.

96 a) Der effektive Zinssatz ermöglicht einen objektiven Vergleich von Kreditangeboten.

b) Der effektive Zinssatz erfasst alle Kreditkosten, der Nominalzinssatz hingegen nur die Zinsen.

c) $\text{effektiver Zinssatz} = \dfrac{\text{wirkliche Kreditkosten} \cdot 100 \cdot 365}{\text{Auszahlung} \cdot \text{Kreditdauer}}$

97 b, c, e, g

98 a)

Darlehen	100.000,00 €	100,0 %
– 5,5 % Disagio	5.500,00 €	5,5 %
Auszahlungsbetrag	94.500,00 €	94,5 %

2800 BK	94.500,00 €			
7510 ZAW	5.500,00 €	an	4250 LBKV	100.000,00 €

b) Keine Buchung!

c)

2800 BK		an	4250 LBKV	200.000,00 €

d)

Rechnung	23.800,00 €	100 %	400,00 €	Nettoskonto
– 2 % Skonto	476,00 €	2 % : 119 × 100		
Überweisung	23.324,00 €	98 %	76,00 €	USt.

4400 VE	23.800,00 €	an	2800 BK	23.324,00 €
			6002 NR	400,00 €
			2600 VORST	76,00 €

99 a) Disagio (= Damnum)

b) Dieses Disagio wird auf dem Konto 7510 ZAW erfasst.

c) Kurzfristige Bankschulden haben eine Laufzeit von bis zu einem Jahr. Langfristige Bankschulden haben eine Laufzeit von über einem Jahr.

100 d) Kontokorrentkredit

101

a)	2800 BK		an	5710 ZE	97,53 €
	6750 KGV		an	2800 BK	25,00 €
b)	7510 ZAW		an	2800 BK	1.200,00 €
c)	6750 KGV		an	2800 BK	30,00 €
d)	7510 ZAW	45,00 €			
	6750 KGV	5,00 €	an	4400 VE	50,00 €
e)	2400 FO	40,00 €	an	5710 ZE	35,00 €
				5430 ASBE	5,00 €

102 b) 6750 KGV

e) 7510 ZAW

103

Verzugszinsen	→ an Lieferer	7510 ZAW
	→ vom Kunden	5710 ZE
Mahngebühren	→ an Lieferer	6750 KGV
	→ vom Kunden	5430 ASBE

104 Bankzinsen, Bankgebühren, Verzugszinsen, Mahngebühren

105

a)	7510 ZAW	700,00 €			
	4200 KBKV	1.500,00 €	an	2800 BK	2.200,00 €
b)	4250 LBKV		an	2800 BK	5.000,00 €
c)	4200 KBKV	30.000,00 €			
	7510 ZAW	1.500,00 €	an	2800 BK	31.500,00 €

106 Darlehen; 4200 KBKV; 4250 LBKV; Abnahme; Sollseite

107 a) richtig b) falsch

c) falsch d) richtig

108 c)

109 a) Termineinlagen b) Spareinlagen

c) Spareinlagen d) Termineinlagen

e) Spareinlagen

110 vertretbare, Börse, fungible (vertretbare), beliebig, Wertverlust bzw. Wertgewinn, vergleichbar

111 a) Gläubigerpapiere = festverzinsliche Wertpapiere, Rentenpapiere
Teilhaberpapiere = Dividendenpapiere, Anteilspapiere

b) Gläubigerpapiere = Pfandbriefe, Anleihen, Obligationen
Teilhaberpapiere = Aktien

112
- Präsenzbörsen (Berlin, Bremen, Düsseldorf, Frankfurt/Main, Hamburg, Hannover, München und Stuttgart)
- Computerbörse Xetra (seit 1998) in Frankfurt a. M.

113 b, c, f

114 Kapitalanlagegesellschaften (Investmentgesellschaften)

115 a, d, e, f

116

Gläubigerpapiere	Teilhaberpapiere
– Der Besitzer der Papiere ist Gläubiger (hat eine Forderung).	– Der Besitzer der Papiere ist Miteigentümer der Firma (Teilhaber).
– Das Papier hat eine begrenzte Laufzeit.	– Das Papier hat eine unbegrenzte Laufzeit.
– Der Ertrag ist fest, der Zins wird jährlich in gleicher Höhe bezahlt.	– Der Ertrag ist schwankend, er orientiert sich am Gewinn (Gewinnanteil).

117
a) Teilhaberpapier
b) Gläubigerpapier
c) Gläubigerpapier
d) Teilhaberpapier
e) Teilhaberpapier
f) Gläubigerpapier
g) Teilhaberpapier
h) beide Arten
i) Gläubigerpapier
j) beide Arten
k) beide Arten

118
a) 2700 WP an 2800 BK 13.635,00 €

b) Kaufabrechnung:

150 Aktien zu ? €	13.500,00 €	100 %	
+ 1 % Spesen v. KW	135,00 €	1 %	: 101 × 100
Banklastschrift	13.635,00 €	101 %	

13.500,00 € : 150 = 90,00 € = Kurs beim Kauf

c)

Bankgutschrift	17.077,50 €
– Banklastschrift	13.635,00 €
Kursgewinn	3.442,50 €

2800 BK	17.077,50 €	an	2700 WP	13.635,00 €
			5784 EAWP	3.442,50 €

d) Verkaufsabrechnung:

150 Aktien zu ? €	17.250,00 €	100 %	
– 1 % Spesen v. KW	172,50 €	1 %	: 99 × 100
Bankgutschrift	17.077,50 €	99 %	

17.250,00 € : 150 = 115,00 € = Verkaufskurs

119 a) Kurswert + Spesen = Banklastschrift

1.800,00 € + 18,00 € = 1.818,00 €

2700 WP	an	2800 BK	1.818,00 €

b) Kaufabrechnung:

250 Stück Z-Aktien zu 115,00 €	28.750,00 €
+ 1 % Spesen v. KW	287,50 €
Banklastschrift	29.037,50 €

2700 WP	an	2800 BK	29.037,50 €

c) 115,00 € + 25,00 € = 140,00 € Verkaufskurs

Verkaufsabrechnung:

250 Stück Z-Aktien zu 140,00 €	35.000,00 €
– 1 % Spesen v. KW	350,00 €
Bankgutschrift	34.650,00 €
– Banklastschrift	29.037,50 €
Kursgewinn	5.612,50 €

2800 BK	34.650,00 €	an	2700 WP	29.037,50 €
			5784 EAWP	5.612,50 €

d)

Bankgutschrift	1.520,00 €
– Banklastschrift	1.818,00 €
Kursverlust (–)	298,00 €

2800 BK	1.520,00 €			
7460 VAWP	298,00 €	an	2700 WP	1.818,00 €

120 a)

2700 WP	an	2800 BK	23.634,00 €

b) Kaufabrechnung:

? Stück zu 156,00 €	23.400,00 €	100 %	
+ 1 % Spesen v. KW	234,00 €	1 %	: 101 × 100
Banklastschrift	23.634,00 €	101 %	

23.400,00 € : 156 = 150 Stück

c) 150 Stück : 2 = 75 Stück werden verkauft

75 Stück zu 170,00 €	12.750,00 €	
– 1 % Spesen v. KW	127,50 €	
Bankgutschrift	12.622,50 €	
– Banklastschrift	11.817,00 €	(23.634,00 € : 2)
Kursgewinn	805,50 €	

2800 BK	12.622,50 €	an	2700 WP	11.817,00 €
			5784 EAWP	805,50 €

121 a) (1) Kaufabrechnung:

110 Stück DEFA AG zu 890,00 €	97.900,00 €
+ 1 % Spesen v. KW	979,00 €
Banklastschrift	98.879,00 €

2700 WP an 2800 BK 98.879,00 €

(2) Kaufabrechnung:

500 Stück DRAGO AG zu 160,00 €	80.000,00 €
+ 1 % Spesen v. KW	800,00 €
Banklastschrift	80.800,00 €

2700 WP an 2800 BK 80.800,00 €

(3) Kaufabrechnung:

200 Stück ELOR AG zu 280,00 €	56.000,00 €
+ 1 % Spesen v. KW	560,00 €
Banklastschrift	56.560,00 €

2700 WP an 2800 BK 56.560,00 €

b) zu (1) Verkaufsabrechnung:

110 Stück DEFA AG zu 940,00 €	103.400,00 €
– 1 % Spesen v. KW	1.034,00 €
Bankgutschrift	102.366,00 €

Bankgutschrift	102.366,00 €
– Banklastschrift	98.879,00 €
Kursgewinn	3.487,00 €

2800 BK	102.366,00 €	an	2700 WP	98.879,00 €
			5784 EAWP	3.487,00 €

zu (2) Verkaufsabrechnung:

500 Stück DRAGO AG zu 167,00 €	83.500,00 €
– 1 % Spesen v. KW	835,00 €
Bankgutschrift	82.665,00 €

Bankgutschrift	82.665,00 €
– Banklastschrift	80.800,00 €
Kursgewinn	1.865,00 €

2800 BK	82.665,00 €	an	2700 WP	80.800,00 €
			5784 EAWP	1.865,00 €

zu (3) Verkaufsabrechnung:

200 Stück ELOR AG zu 265,00 €	53.000,00 €
– 1 % Spesen v. KW	530,00 €
Bankgutschrift	52.470,00 €

Bankgutschrift	52.470,00 €
– Banklastschrift	56.560,00 €
Kursverlust (–)	4.090,00 €

2800 BK	52.470,00 €			
7460 VAWP	4.090,00 €	an	2700 WP	56.560,00 €

122 b, e, f, i

123 a) 2800 BK an 5780 DDE 450,00 €

b) Gesamtdividende : Stückdividende = Stückzahl
450,00 € : 0,90 € = 500 Stück

124

a)	2800 BK	an	5780 DDE	2.800,00 €
b)	2800 BK	an	5780 DDE	1.380,00 €
c)	2800 BK	an	5780 DDE	1.500,00 €

125 a, d, e, g

126 Der Kurs ist innerhalb der Besitzdauer von **nur einem halben Jahr** von 38,00 € auf 53,20 € gestiegen.

127 a) 1. **Kapitaleinsatz**

Kaufabrechnung:

30 Aktien zu 137 KW	4.110,00 €
+ 1 % Spesen v. KW	41,10 €
Kapitaleinsatz	4.151,10 €

2. **Ertrag während der Besitzdauer**

Verkaufsabrechnung:

30 Aktien zu 160 KW	4.800,00 €
– 1 % Spesen v. KW	48,00 €
Verkaufserlös	4.752,00 €
– Kapitaleinsatz	4.151,10 €
Kursgewinn	600,90 €
+ Dividende (12,00 € · 30)	360,00 €
– Depotgebühr	25,00 €
Ertrag in 471 Tagen	935,90 €

3. **effektive Verzinsung**

Fehler! Es ist nicht möglich, durch die Bearbeitung von Feldfunktionen Objekte zu erstellen.

Die effektive Verzinsung beträgt 17,47 %.

b) 1. **Kapitaleinsatz**

Kaufabrechnung:

50 Aktien zu 890 KW	44.500,00 €
+ 1 % Spesen v. KW	445,00 €
Kapitaleinsatz	44.945,00 €

2. **Ertrag während der Besitzdauer**

Verkaufsabrechnung:

50 Aktien zu 885 KW	44.250,00 €
– 1 % Spesen v. KW	442,50 €
Verkaufserlös	43.807,50 €
– Kapitaleinsatz	44.945,00 €
Kursverlust (–)	1.137,50 €
+ Dividende (18,00 € · 50)	900,00 €
– Depotgebühr	15,00 €
Verlust in 294 Tagen (–)	252,50 €

3. **effektive Verzinsung**

$$EV = \frac{252{,}50\ € \cdot 100 \cdot 365}{44.945\ € \cdot 294} = (-)\ 0{,}70$$

Nachdem sich insgesamt ein Verlust ergibt, ermittelt sich eine negative effektive Verzinsung in Höhe von (–) 0,70 %.

c) 1. **Kapitaleinsatz**
Kaufabrechnung:

20 Aktien zu 290 KW	5.800,00 €
+ 1 % Spesen v. KW	58,00 €
Kapitaleinsatz	5.858,00 €

2. **Ertrag während der Besitzdauer**
Verkaufsabrechnung:

20 Aktien zu 335 KW	6.700,00 €
– 1 % Spesen v. KW	67,00 €
Verkaufserlös	6.633,00 €
– Kapitaleinsatz	5.858,00 €
Kursgewinn	775,00 €
+ Dividende (9,00 € · 20)	180,00 €
– Depotgebühr	20,00 €
Ertrag in 390 Tagen	935,00 €

3. **effektive Verzinsung**

$$EV = \frac{935\ € \cdot 100 \cdot 365}{5.858\ € \cdot 390} = 14{,}94$$

Die effektive Verzinsung beträgt 14,94 %.

128 a) Verkaufsabrechnung:

15 Öko-Aktien zu 485 KW	7.275,00 €
– 1 % Spesen v. KW	72,75 €
Bankgutschrift	7.202,25 €

b)

Bankgutschrift	7.202,25 €
– Banklastschrift	6.969,00 €
Kursgewinn	233,25 €

2800 BK	7.202.25 €	an	2700 WP	6.969,00 €
			5784 EAWP	233,25 €

c) $$EV = \frac{\text{Ertrag} \cdot 100 \cdot 365}{\text{Kapitaleinsatz} \cdot \text{Besitzdauer}}$$

$$\text{Kapitaleinsatz} = \frac{\text{Ertrag} \cdot 100 \cdot 365}{\text{EV} \cdot \text{Besitzdauer}} = \frac{840 \cdot 100 \cdot 365}{20 \cdot 70} = \underline{\underline{21.900{,}00\ €}}$$

129 a)

? Air Aktien zu 330,00 € KW	19.800,00 €	100 %
+ 1 % Spesen v. KW	198,00 €	1 %
Banklastschrift	19.998,00 €	101 %

$$\text{KW} = \frac{19.998 \cdot 100}{101} = 19.800{,}00\ €$$

$$\text{Stückzahl} = \frac{19.800}{330} = \underline{\underline{60\ \text{Stück}}}$$

b) 2800 BK an 5780 DDE 660,00 € (60 · 11,00)

c)

Bankgutschrift	19.305,00 €
– Banklastschrift	19.998,00 €
Kursverlust (–)	693,00 €

2800 BK	19.305,00 €			
7460 VAWP	693,00 €	an	2700 WP	19.998,00 €

d)

Dividende	1.200,00 €
– Kursverlust	693,00 €
– Depotgebühr	40,00 €
Ertrag in 390 Tagen	467,00 €

$$\text{EV} = \frac{467{,}00\ € \cdot 100 \cdot 365}{19.998\ € \cdot 390} = \underline{\underline{2{,}19}}$$

Die effektive Verzinsung beträgt 2,19 %.

130 a) Unter Rendite versteht man den jährlichen Ertrag bezogen auf den Kapitaleinsatz.

b) Die Rentabilität von Wertpapieren hängt von den Erträgen und den Kosten ab, die sie verursachen.

c) $$\text{EV} = \frac{\text{Ertrag} \cdot 100 \cdot 365}{\text{Kapitaleinsatz} \cdot \text{Besitzdauer}}$$

d) 1. Kapitaleinsatz
2. Ertrag während der Besitzdauer
3. effektive Verzinsung (Formel)

31 a) Verwendung, Laufzeit, Sicherheit

b) Laufzeit (kurzfristige Kredite: Dispositionskredit)

c) 1.059,4 Milliarden € = 100 %
147,3 Milliarden € = x %

$$x = \frac{147{,}3 \text{ Mrd. €} \cdot 100}{1.059{,}4 \text{ Mrd. €}} = \underline{\underline{13{,}90}}$$

Der prozentuale Anteil beträgt 13,90 %.

d) Konsumentenkredite; Produktionskredite; Kontokorrentkredite

e) zum Kauf eines Autos; zur Beschaffung von Einrichtungsgegenständen

32 Das Disagio wird auf dem Konto 7510 ZAW gebucht. Als langfristiges Darlehen wird es auf 4250 LBKV gebucht.

2800 BK	48.000,00 €			
7510 ZAW	2.000,00 €	an	4250 LBKV	50.000,00 €

33 a) 12. März 20.. + 7 Tage = bis spätestens 19. März 20..

b)

Rechnung	2.856,00 €	→ 48,00 €	Nettoskonto
– 2 % Skonto	57,12 €	: 119 × 100	
Überweisung	2.798,88 €	→ 9,12 €	USt.

c) $$Z = \frac{2.798{,}88 \cdot 10{,}5 \cdot 23}{100 \cdot 365} = 18{,}52 \text{ €}$$

Kreditdauer: 30 Tage – 7 Tage = 23 Tage

Skonto netto	48,00 €
– Zinsen	18,52 €
Ersparnis	29,48 €

Die Kreditaufnahme lohnt sich, sie erbringt eine Ersparnis von 29,48 €.

d) $$p = \frac{\text{Nettoskonto} \cdot 100 \cdot 365}{\text{Überweisung} \cdot \text{Kreditdauer}} = \frac{48 \text{ €} \cdot 100 \cdot 365}{2.798{,}88 \text{ €} \cdot 23} = \underline{\underline{27{,}22}}$$

Der effektive Zinssatz beträgt 27,22 %.

e)

4400 VE	2.856,00 €	an	2800 BK	2.798,88 €
			6082 NHW	48,00 €
			2600 VORST	9,12 €

134

Soll	Haben
c	b
f	

135 a) (1) $\text{Spareinlagen und Sparbriefe} = \frac{659 \text{ Mrd. €} \cdot 100}{5.152 \text{ Mrd. €}} = \underline{\underline{12,79}}$

Spareinlagen und Sparbriefe haben einen Anteil von 12,79 %.

(2) $\text{Anteil der Aktien} = \frac{300 \text{ Mrd. €} \cdot 100}{5.152 \text{ Mrd. €}} = \underline{\underline{5,82}}$

Der Aktenanteil beträgt 5,82 %.

b) Der deutsche Sparer scheut das Risiko, er geht beim Sparen auf Nummer sicher. Das gute alte Sparbuch gilt immer noch als sichere Geldanlage, obwohl die Sparzinsen sehr gering sind.

c) Aktien gelten als Spekulationspapier, vor allem als Risikopapier.

136

Soll	Haben
d	g
e	

137 a)

Bankgutschrift	17.919,00 €
– Banklastschrift	15.629,75 €
Kursgewinn	2.289,25 €

2800 BK	17.919,00 €	an	2700 WP	15.629,75 €
			5784 EAWP	2.289,25 €

b)

2800 BK		an	5780 DDE	450,00 €
				(0,90 € · 500 Stck)

c)

Kursgewinn	2.289,25 €
+ Dividende	450,00 €
– Depotgebühr	25,00 €
Ertrag in 213 Tagen	2.714,25 €

$$\text{effektive Verzinsung} = \frac{2.714,25 \text{ €} \cdot 100 \cdot 365}{15.629,75 \text{ €} \cdot 213} = \underline{\underline{29,76}}$$

Die effektive Verzinsung beträgt 29,76 %.

138 a)

Darlehen	90.000,00 €	100 %
– 4 % Disagio	3.600,00 €	4 %
Auszahlung	86.400,00 €	96 %

86.400,00 € : 96 · 100 = 90.000,00 €

b) 2800 BK 86.400,00 €
7510 ZAW 3.600,00 € an 4250 LBKV 90.000,00 €

c) $\text{Zinsen} = \frac{90.000,00 \cdot 1,5 \cdot 2}{100} =$ 2.700,00 €

+ Disagio	3.600,00 €
effektive Finanzierungskosten	6.300,00 €

$$\text{effektive Verzinsung} = \frac{\text{effektive Finanzierungskosten} \cdot 100 \cdot 365}{\text{Darlehensauszahlung} \cdot \text{Kreditdauer}}$$

$$= \frac{6.300,00\ € \cdot 100 \cdot 365}{86.400\ € \cdot 720} = \underline{\underline{3,70}}$$

Die effektive Zinssatz beträgt 3,70 %.

139 Abnahme in Millionen:

9,5 Mio. (2012)
– 8,4 Mio. (2014)
1,1 Mio.

Abnahme in Prozent:

9,5 Mio. = 100 %
1,1 Mio. = x

$$x = \frac{1,1\ \text{Mio.}\ € \cdot 100}{9,5\ \text{Mio.}\ €} = \underline{\underline{11,58}}$$

Die Abnahme beträgt 11,58 %.

140 a)

Kurswert	33.300,00 €	100 %
+ 1 % Spesen v. KW	333,00 €	1 %
Banklastschrift	33.633,00 €	101 %

33.633,00 € : 101 · 100 = 33.300,00 €

b)

? Aktien zu 254 KW	38.100,00 €	100 %
– 1 % Spesen v. KW	381,00 €	1 %
Bankgutschrift	37.719,00 €	99 %

37.719,00 € : 99 · 100 = 38.100,00 € : 254 = $\underline{\underline{\text{150 Stück}}}$

c) 112,50 € : 150 = 0,75 €

d)

20..1

S	2700 WP		H
a) 2800	33.633,00		

S	2800 BK		H
		a) 2700	33.633,00

20..2

S	2700 WP		H
8000	33.633,00	b) 2800	33.633,00

S	2800 BK		H
c) 5780	112,50		
b) 2700/5784	37.719,00		

S	5780 DDE		H
		c) 2800	112,50

S	5784 EAWP		H
		b) 2800	4.086,00

141 a)

Darlehen	80.000,00 €
– 4 % Disagio	3.200,00 €
Auszahlung	76.800,00 €

2800 BK	76.800,00 €		
7510 ZAW	3.200,00 €	an 4250 LBKV	80.000,00 €

b)

$$\text{Zinsen} = \frac{80.000,00 \cdot 2,5 \cdot 2}{100} = 4.000,00\ €$$

+ Disagio	3.200,00 €
tatsächliche Kreditkosten	7.200,00 €

$$\text{effektive Verzinsung} = \frac{7.200,00\ € \cdot 100 \cdot 365}{76.800,00\ € \cdot 720} = 4,75$$

Die effektive Verzinsung beträgt 4,75 %.

142 a) B14=B5*B6
B15=B14*B7
B16=B14+B15

b) D14=D5*D6
D15=D14*D7
D16=D14–D15

c) C20=WENN(D20>0;„Kursgewinn";„Kursverlust")

d) B24=B22*365/(B16*B10)

143 a) $Z = \frac{100.000,00 \cdot 2 \cdot 1.095}{100 \cdot 365} = 6.000,00\ €$

b) $\text{Disagio} = \frac{100.000,00 \cdot 3,75}{100} = 3.750,00\ €$

c) 100.000,00 € – 3.750,00 € = 96.250,00 €

d) D6=D4*C6*B5/365
D7=D4*C7
D9=D4–D7

e) $\text{EV (Kreditbank)} = \frac{(6.000,00\ € + 3.750,00\ €) \cdot 100 \cdot 365}{96.250,00\ € \cdot 1.095} = \underline{\underline{3,38}}$

Die effektive Verzinsung beträgt 3,38 %.

f) C8=(D6+D7)*365/D9/B5

g) Die Fa. *Wohnkreativ Ottus Eichus* entscheidet sich für das Angebot der Kreditbank, weil es um 0,02 % günstiger ist als das Angebot der Handelsbank.

Der Personalbereich

144 b, d, e

145 a) Die Arbeitskosten je Stunde betrugen 2013 in der Industrie in Westdeutschland 38,77 €.

b) Die Differenz zum Stundenlohn von 23,00 € ist darin begründet, dass 15,77 € je Stunde an Personalzusatzkosten anfallen.

c) Die Arbeitskosten je Stunde sind in Ostdeutschland weitaus niedriger; Ostdeutschland liegt in dieser Vergleichsskala an 16. Stelle.

146 a) – Gesetzliche Zusatzkosten
– Tarifliche und betriebliche Zusatzkosten

b) – AGASV, Lohnfortzahlung bei Krankheit
– Urlaub, Weihnachtsgeld

c) Die Löhne und die Lohnnebenkosten werden als Kosten in die Güterpreise einkalkuliert. Dies kann gegenüber Ländern mit niedrigeren Lohnkosten und geringeren Sozialstandards zu Wettbewerbsnachteilen führen.

d) Die Personalzusatzkosten (Lohnnebenkosten) machen bei vielen Firmen in der Bundesrepublik Deutschland bereits über 80 % des Direktentgeltes aus, die Rede ist deshalb häufig vom „Zweitlohn“.

e) Die Höhe der Arbeitskosten ist nicht der allein entscheidende Faktor im internationalen Wettbewerb. Nicht weniger bedeutsam ist die Produktivität, also die Leistung, die in einer Stunde erbracht wird – und die ist in Westdeutschland sehr hoch. Der Nachteil bei den Arbeitskosten wird durch die Leistung zum Großteil ausgeglichen.

147 a)

6300 G	12.395,01 €	an	2800 BK	8.882,27 €
			4830 VFA	792,69 €
			4840 VSV	2.720,05 €
6400 AGASV		an	4840 VSV	2.608,49 €

b)

einbehaltene Abzüge	=	Steuern	+	AN-Anteil zur SV
2.112,25 €	=	x	+	1.168,43 €
Steuern	=	943,82 €		

	6200 L	5.758,00 €	an	2800 BK	3.645,75 €
				4830 VFA	943,82 €
				4840 VSV	1.168,43 €
	6400 AGASV		an	4840 VSV	1.116,61 €
c)	6200 L	7.810,00 €	an	2800 BK	5.438,07 €
				4830 VFA	798,92 €
				4840 VSV	1.573,01 €
	6400 AGASV		an	4840 VSV	1.502,71 €

148 a) Der Arbeitnehmer bezahlt keinen Beitrag zur Unfallversicherung. Der Unfallversicherungsbeitrag wird vollständig vom Arbeitgeber bezahlt.

b) Der Unfallversicherungsbeitrag wird auf dem Aufwandskonto 6420 BBG im Soll erfasst.

c) Der Unfallversicherungsbeitrag gehört zu den gesetzlichen Personalzusatzkosten.

149 a) Die Fa. *Wohnkreativ Ottus Eichus* überweist den Beitrag zur Unfallversicherung per Bank an die Schreinerei-Berufsgenossenschaft 885,00 €.

b)	6420 BBG		an	2800 BK	885,00 €

150

a)	4830 VFA	4.850,30 €			
	4840 VSV	6.940,50 €	an	2800 BK	11.790,80 €
b)	6300 G	3.452,00 €	an	2800 BK	2.218,47 €
				4830 VFA	639,00 €
				4840 VSV	594,53 €
	6400 AGASV		an	4840 VSV	563,47 €
c)	6200 L	5.140,00 €	an	2800 BK	3.289,87 €
				4830 VFA	958,50 €
				4840 VSV	891,63 €
	6400 AGASV		an	4840 VSV	845,37 €

151 a)
- Arbeitslosenversicherung: 1927
- Rentenversicherung (Angestellte): 1911
- Krankenversicherung (Arbeiter): 1883
- Pflegeversicherung: 1995
- Unfallversicherung: 1884

b) – ALV: Arbeitgeber 50 %, Arbeitnehmer 50 %
– RV: AG 50 %, AN 50 %
– KV: AG/AN (AN zahlt mehr als der AG)
– PV: AG 50 %, AN 50 %
– UV: AG 100 %, AN 0 %

52 a) Das Weihnachtsgeld gehört zu den tariflichen Personalzusatzkosten.

b) Aufgrund der unterschiedlichen Tarifverträge in den einzelnen Branchen fällt das Weihnachtsgeld sehr unterschiedlich aus. Vor allem die tarifliche Sicherung der 100-prozentigen Lohnfortzahlung bei Krankheit spielt dabei eine Rolle.

Der Anlagenbereich – Berechnungen und Buchungen

53 a) Unter Investition versteht man die langfristige Anlage von Kapital, z. B. in Gebäuden Grundstücken, Maschinen usw.

b) – Ersatzinvestitionen (Ersatz verbrauchter Maschinen)
– Rationalisierungsinvestitionen (Kostenersparnis)
– Erweiterungsinvestitionen (Vergrößerung des Produktionsapparates)

c) Kapazitätserweiterung

54 b, c, d

55 a)

3,5 % Grunderwerbsteuer	2.800,00 €
+ Notariatsgebühren, netto	1.100,00 €
+ Grundbuchkosten	120,00 €
= Anschaffungsnebenkosten	4.020,00 €

b) Die Anschaffungskosten betragen 84.020,00 €.

56 a)

Fracht und Verpackung	2.500,00 €
+ Montagekosten und E.-Anschluss	2.500,00 €
= Anschaffungsnebenkosten	5.000,00 €

b)

Kaufpreis netto	150.000,00 €
+ Anschaffungsnebenkosten	5.000,00 €
= Anschaffungskosten	155.000,00 €

c)	0700 MA	152.500,00 €			
	2600 VORST	28.975,00 €	an	4400 VE	181.475,00 €
	0700 MA	2.500,00 €			
	2600 VORST	475,00 €	an	4400 VE	2.975,00 €
d)	4400 VE		an	2800 BK	181.475,00 €
	4400 VE		an	2800 BK	2.975,00 €

57

a)	0500 UGR		an	2800 BK	350.000,00 €
b)	0500 UGR	7.000,00 €			
	2600 VORST	1.330,00 €	an	2800 BK	8.330,00 €

c) 3,5 % Grunderwerbsteuer aus 350.000,00 € = 12.250,00 €

	0500 UGR		an	2800 BK	12.250,00 €
d)	0500 UGR	1.900,00 €			
	2600 VORST	361,00 €	an	2800 BK	2.261,00 €
e)	0500 UGR		an	2880 KA	490,00 €

f)

Kaufpreis	350.000,00 €
+ Maklergebühren	7.000,00 €
+ Grunderwerbsteuer	12.250,00 €
+ Notariatskosten	1.900,00 €
+ Gerichtskosten	490,00 €
= Anschaffungskosten	371.640,00 €

158

a)	0860 BM	4.500,00 €			
	2600 VORST	855,00 €	an	4400 VE	5.355,00 €
b)	4400 VE		an	2800 BK	5.355,00 €

c)

<table>
<tr><th>S</th><th colspan="2">0860 BM</th><th>H</th></tr>
<tr><td>a) 4400</td><td>4.500,00</td><td></td><td></td></tr>
</table>

<table>
<tr><th>S</th><th colspan="2">4400 VE</th><th>H</th></tr>
<tr><td>b) 2800</td><td>5.355,00</td><td>a) 0860
2600</td><td>5.355,00</td></tr>
</table>

<table>
<tr><th>S</th><th colspan="2">2600 VORST</th><th>H</th></tr>
<tr><td>a) 4400</td><td>855,00</td><td></td><td></td></tr>
</table>

<table>
<tr><th>S</th><th colspan="2">2800 BK</th><th>H</th></tr>
<tr><td></td><td></td><td>b) 4400</td><td>5.355,00</td></tr>
</table>

159

0700 MA	182.000,00 €			
2600 VORST	34.580,00 €	an	4400 VE	216.580,00 €

160

a)	0895 SP	600,00 €			
	2600 VORST	114,00 €	an	4400 VE	714,00 €
b)	0895 SP	1.000,00 €			
	2600 VORST	190,00 €	an	4400 VE	1.190,00 €
c)	0895 SP	750,00 €			
	2600 VORST	142,50 €	an	4400 VE	892,50 €
d)	0895 SP	200,00 €			
	2600 VORST	38,00 €	an	2880 KA	238,00 €

161

a)	6800 BMK	150,00 €			
	2600 VORST	28,50 €	an	4400 VE	178,50 €
b)	0895 SP	200,00 €			
	2600 VORST	38,00 €	an	2880 KA	238,00 €

c)	6800 BMK	260,00 €			
	2600 VORST	49,40 €	an	4400 VE	309,40 €
d)	0895 SP	170,00 €			
	2600 VORST	32,30 €	an	2880 KA	202,30 €

62

	SP	Kleingüter
a)	×	
b)		×
c)		×
d)	×	

63

Soll	Haben
g	e
f	

64

a)	6800 BMK	40,00 €			
	2600 VORST	7,60 €	an	2880 KA	47,60 €
b)	6800 BMK	375,00 €			
	2600 VORST	71,25 €	an	4400 VE	446,25 €
c)	6800 BMK	120,00 €			
	2600 VORST	22,80 €	an	4400 VE	142,80 €

65

a)	6160 FRI	3.560,00 €			
	2600 VORST	676,40 €	an	4400 VE	4.236,40 €
b)	6160 FRI	357,00 €			
	2600 VORST	67,83 €	an	2880 KA	424,83 €

66

a) (1) Anlagegüter wie Gebäude, Maschinen, Fuhrpark, Betriebs- und Geschäftsausstattung

(2) Anlagegüter nutzen sich ab und verlieren mit der Zeit an Wert, deshalb sind sie nur zeitlich begrenzt einsetzbar (abnutzbares Anlagevermögen).

b)
- technischer Verschleiß (z. B. durch Gebrauch)
- natürlicher Verschleiß (z. B. Verwitterung, Verrosten)
- technischer Fortschritt (neues, verbessertes Produkt)

c) Im Handelsrecht bezeichnet man die buchhalterische Erfassung der Wertminderungen der Anlagegüter als Abschreibung; im Steuerrecht ist die Rede von der AfA (**A**bsetzung **f**ür **A**bnutzung).

167 b, c, e

168 a) $\text{Abschreibungssatz} = \frac{100}{\text{Nutzungsdauer}}$

oder $\frac{\text{Abschreibungsbetrag} \cdot 100}{\text{Anschaffungskosten}}$

$\text{Abschreibungsbetrag} = \frac{\text{Anschaffungskosten}}{\text{Nutzungsdauer}}$

oder $\frac{\text{Anschaffungskosten} \cdot \text{AfA-Satz}}{100}$

b) Bei der linearen Abschreibung wird mit gleichbleibenden Beträgen von den Anschaffungskosten abgeschrieben.

c) 1,00 € Erinnerungswert

d) Die Anlagendatei wird für jedes Anlagegut geführt und liefert wichtige Angaben für den Abschreibungsplan, z. B. Bezeichnung des Anlagegutes, Höhe der Anschaffungskosten, Nutzungsdauer, Abschreibungssatz, Abschreibungsmethode usw.

e) AfA-Tabelle

f) – Anschaffungskosten
– Nutzungsdauer

g) Anschaffungskosten – Abschreibungsbetrag = Buchwert (Restbuchwert)

h) $\frac{240.000,00\ €}{10} = 24.000,00\ €$

169 a) $\text{A-Betrag} = \frac{70.000}{5} = 14.000,00\ €$

$\text{AfA-Satz} = \frac{100}{5} = 20\ \%$

b) $\text{A-Betrag} = \frac{190.000}{10} = 19.000{,}00\ €$

$\text{AfA-Satz} = \frac{100}{10} = 10\ \%$

c) $\text{A-Betrag} = \frac{28.400}{4} = 7.100{,}00\ €$

$\text{AfA-Satz} = \frac{100}{4} = 25\ \%$

d) $\text{A-Betrag} = \frac{83.800}{8} = 10.475{,}00\ €$

$\text{AfA-Satz} = \frac{100}{8} = 12{,}5\ \%$

170 a) $\text{Anschaffungskosten} = 8.000{,}00 \cdot 10 = 80.000{,}00\ €$

$\text{AfA-Satz} = \frac{100}{10} = 10\ \%$

b) $\text{Abschreibungsbetrag} = \frac{30.000 \cdot 5}{100} = 1.500{,}00\ €$

$\text{Nutzungsdauer} = \frac{100}{5} = 20\ \text{Jahre}$

c) $\text{Abschreibungssatz} = \frac{5.000\ € \cdot 100}{40.000\ €} = 12{,}5$

Der AfA-Satz beträgt 12,5 %.

$\text{Nutzungsdauer} = \frac{100}{12{,}5} = 8\ \text{Jahre}$

d) $\text{Anschaffungskosten} = \frac{6.000 \cdot 100}{20} = 30.000{,}00\ €$

$\text{Nutzungsdauer} = \frac{100}{20} = 5\ \text{Jahre}$

171 a)

0860 BM	4.000,00 €			
2600 VORST	760,00 €	an	4400 VE	4.760,00 €

b) $\text{AfA-Satz} = \frac{100}{8\ \text{Jahre}} = 12\tfrac{1}{2}\ \%$

c) **Abschreibungstabelle**

Anschaffungskosten	4.000,00 €
– AfA 1. Jahr $12\frac{1}{2}$ %	500,00 €
Buchwert Ende 1. Jahr	3.500,00 €
– AfA 2. Jahr $12\frac{1}{2}$ %	500,00 €
Buchwert Ende 2. Jahr	3.000,00 €
– AfA 3. Jahr $12\frac{1}{2}$ %	500,00 €
Buchwert Ende 3. Jahr	2.500,00 €
– AfA 4. Jahr $12\frac{1}{2}$ %	500,00 €
Buchwert Ende 4. Jahr	2.000,00 €

172 a, b, c, e, g, i

173 a)

0840 FP	36.000,00 €			
2600 VORST	6.840,00 €	an	4400 VE	42.840,00 €

b) Anschaffungsnebenkosten

c) $\text{AfA-Satz}_{\text{linear}} = \frac{100}{6} = 16\frac{2}{3}\,\%$

d) B7 = B4 * B2

174 a) $\text{jährlicher Abschreibungsbetrag} = \frac{84.000{,}00\ €}{8\ \text{Jahre}} = 10.500{,}00\ €$

Abschreibungsbetrag im 1. Jahr → $\frac{11}{12}$ der Jahres-AfA

$= \frac{11}{12}$ aus 10.500,00 €

$= 9.625{,}00\ €$

Abschreibungsbetrag im letzten Jahr → $\frac{1}{12}$ der Jahres-AfA

$= \frac{1}{12}$ aus 10.500,00 €

$= 875{,}00\ €$

b) $\text{jährlicher Abschreibungsbetrag} = \frac{150.000{,}00\ €}{10\ \text{Jahre}} = 15.000{,}00\ €$

Abschreibungsbetrag im 1. Jahr → $\frac{4}{12}$ der Jahres-AfA

$= \frac{4}{12}$ aus 15.000,00 €

$= 5.000{,}00\ €$

Abschreibungsbetrag im letzten Jahr → $\frac{8}{12}$ der Jahres-AfA

$= \frac{8}{12}$ aus 15.000,00 €

$=$ 10.000,00 €

c) jährlicher Abschreibungsbetrag $= \frac{30.000{,}00\ €}{4\ \text{Jahre}} = 7.500{,}00\ €$

Abschreibungsbetrag im 1. Jahr → $\frac{8}{12}$ der Jahres-AfA

$= \frac{8}{12}$ aus 7.500,00 €

$=$ 5.000,00 €

Abschreibungsbetrag im letzten Jahr → $\frac{4}{12}$ der Jahres-AfA

$= \frac{4}{12}$ aus 7.500,00 €

$=$ 2.500,00 €

d) jährlicher Abschreibungsbetrag $= \frac{45.000{,}00\ €}{5\ \text{Jahre}} = 9.000{,}00\ €$

Abschreibungsbetrag im 1. Jahr → $\frac{2}{12}$ der Jahres-AfA

$= \frac{2}{12}$ aus 9.000,00 €

$=$ 1.500,00 €

Abschreibungsbetrag im letzten Jahr → $\frac{10}{12}$ der Jahres-AfA

$= \frac{10}{12}$ aus 9.000,00 €

$=$ 7.500,00 €

e) jährlicher Abschreibungsbetrag $= \frac{54.000{,}00\ €}{9\ \text{Jahre}} = 6.000{,}00\ €$

Abschreibungsbetrag im 1. Jahr → $\frac{6}{12}$ der Jahres-AfA

$= \frac{6}{12}$ aus 6.000,00 €

$=$ 3.000,00 €

Abschreibungsbetrag im letzten Jahr → $\frac{6}{12}$ der Jahres-AfA

$= \frac{6}{12}$ aus 6.000,00 €

$=$ 3.000,00 €

175 a) – Vollwertige Anlagegüter werden zu den Anschaffungskosten aktiviert (auf dem jeweiligen Anlagekonto).
- Geringwertige Wirtschaftsgüter über 150,00 € netto bis 1.000,00 € netto je Wirtschaftsgut werden auf dem Konto 0895 Sammelposten (SP) erfasst.
- Kleingüter werden als Aufwand gebucht.

b) Das direkte Erfassen der Wertminderung auf dem jeweiligen Anlagekonto wird als direkte Abschreibung bezeichnet.

c) Hohe Abschreibungen stellen hohe Aufwendungen dar. Der Gewinn wird dadurch geschmälert und es kommt zu einer geringeren Steuerbelastung.

176 a)

Nettopreis	57.000,00 €
+ Überführungskosten	2.000,00 €
+ Spezialaufsatz	1.000,00 €
= Anschaffungskosten	60.000,00 €

b)

0840 FP	60.000,00 €			
2600 VORST	11.400,00 €	an	4400 VE	71.400,00 €

c) $\text{A-Betrag} = \frac{60.000}{10} = 6.000,00\ €$

$\text{AfA-Satz} = \frac{100}{10} = 10\ \%$

d) 6520 ABSA an 0840 FP 6.000,00 €

e) 6520 ABSA an 0840 FP 5.999,00 €
Es verbleibt 1,00 € Erinnerungswert.

177 a) 6520 ABSA an 0700 MA 70.000,00 €

b) 10 % aus 30.000,00 € = 3.000,00 €
6520 ABSA an 0840 FP 3.000,00 €

c) 6545 ABSP an 0895 SP 1.740,00 €

178 a) Das Konto 5410 EAAV dient der EDV-gerechten Erfassung des Anlagenverkaufs, um den umsatzsteuerpflichtigen Umsatz erfassen zu können. Es ist ein Konto, das nur vorübergehend verwendet wird.

b) Das Konto 5410 EAAV ist ein Interimskonto, also ein Übergangskonto.

c) Die Buchung des Verkaufs gebrauchter Anlagegüter wird in zwei Teilschritten erfasst:
– Erfassen des Erlöses,
– Ausbuchen des Buchwertes und damit Auflösen des Übergangskontos.

179 a) 11.305,00 € : 119 · 100 = 9.500,00 €

NVP ←→ BW
9.500,00 € entspricht 9.500,00 €

Buchung des Verkaufserlöses:

2800 BK	11.305,00 €	an	5410 EAAV	9.500,00 €
			4800 UST	1.805,00 €

Ausbuchen des Buchwertes (und Auflösen des Interimskontos):

5410 EAAV		an	0700 MA	9.500,00 €

b) NVP ←→ BW
700,00 € entspricht 700,00 €

Buchung des Verkaufserlöses:

2880 KA	833,00 €	an	5410 EAAV	700,00 €
			4800 UST	133,00 €

Ausbuchen des Buchwertes (und Auflösen des Interimskontos):

5410 EAAV		an	0860 BM	700,00 €

180 a) 15.232,00 € : 119 · 100 = 12.800,00 €

NVP ←→ BW
12.800,00 € 9.500,00 €
↓
3.300,00 € Gewinn,
da der NVP größer ist als der BW!

Buchung des Verkaufserlöses:

2800 BK	15.232,00 €	an	5410 EAAV	12.800,00 €
			4800 UST	2.432,00 €

Ausbuchen des Buchwertes (und Auflösen des Interimskontos):

5410 EAAV	12.800,00 €	an	0700 MA	9.500,00 €
			5460 EAVG	3.300,00 €

b) NVP ←→ BW
950,00 € 700,00 €
↓
250,00 € Gewinn,
da der NVP größer ist als der BW!

Buchung des Verkaufserlöses:

2880 KA	1.130,50 €	an	5410 EAAV	950,00 €
			4800 UST	180,50 €

Ausbuchen des Buchwertes (und Auflösen des Interimskontos):

5410 EAAV	950,00 €	an	0860 BM	700,00 €
			5460 EAVG	250,00 €

181 a, e, f

182 a) 10.115,00 € : 119 · 100 = 8.500,00 €

NVP 8.500,00 € ←→ BW 9.500,00 €

1.000,00 € Verlust,
da der NVP kleiner ist als der BW!

Buchung des Verkaufserlöses:

2800 BK	10.115,00 €	an	5410 EAAV	8.500,00 €
			4800 UST	1.615,00 €

Ausbuchen des Buchwertes (und Auflösen des Interimskontos):

5410 EAAV	8.500,00 €			
6960 VAVG	1.000,00 €	an	0700 MA	9.500,00 €

b) NVP 630,00 € ←→ BW 700,00 €

70,00 € Verlust,
da der NVP kleiner ist als der BW!

Buchung des Verkaufserlöses:

2880 KA	749,70 €	an	5410 EAAV	630,00 €
			4800 UST	119,70 €

Ausbuchen des Buchwertes (und Auflösen des Interimskontos):

5410 EAAV	630,00 €			
6960 VAVG	70,00 €	an	0860 BM	700,00 €

c) NVP 4.000,00 € ←→ BW 1,00 €

3.999,00 € Gewinn,
da der NVP größer ist als der BW!

Buchung des Verkaufserlöses:

2800 BK	4.760,00 €	an	5410 EAAV	4.000,00 €
			4800 UST	760,00 €

Ausbuchen des Buchwertes (und Auflösen des Interimskontos):

5410 EAAV	4.000,00 €	an	0840 FP	1,00 €
			5460 EAVG	3.999,00 €

d) 6.664,00 € : 119 · 100 = 5.600,00 € (← NVP)

Anschaffungskosten	90.000,00 €
– bisherige AfA	81.000,00 €
BW	9.000,00 €

NVP 5.600,00 € ←→ BW 9.000,00 €

3.400,00 € Verlust,
da der NVP kleiner ist als der BW!

Buchung des Verkaufserlöses:

2800 BK	6.664,00 €	an	5410 EAAV	5.600,00 €
			4800 UST	1.064,00 €

Ausbuchen des Buchwertes (und Auflösen des Interimskontos):

5410 EAAV	5.600,00 €			
6960 VAVG	3.400,00 €	an	0700 MA	9.000,00 €

183

a)

(1)	6200 L	16.520,00 €	an	2800 BK	12.762,46 €
				4830 VFA	1.993,20 €
				4840 VSV	1.764,34 €
	6400 AGASV		an	4840 VSV	1.615,66 €
(2)	4830 VFA		an	2800 BK	1.993,20 €
(3)	4840 VSV		an	2800 BK	3.380,00 € (1.764,34 € + 1.615,66 €)

b)

Bruttolöhne	16.520,00 €
+ AGASV	1.615,66 €
	18.135,66 €

184

a)	4840 VSV	an	2800 BK	21.510,80 €
b)	6420 BBG	an	2800 BK	1.770,00 €

185

a)	0895 SP	360,00 €			
	2600 VORST	68,40 €	an	2880 KA	428,40 €
b)	6800 BMK	27,50 €			
	2600 VORST	5,23 €	an	2880 KA	32,73 €
c)	6160 FRI	390,00 €			
	2600 VORST	74,10 €	an	4400 VE	464,10 €

186

a) 40 Tage

b) 1. Platz mit Frankreich

c) Personalzusatzkosten (gesetzliche)

187

a)	0840 FP	100.000,00 €			
	2600 VORST	19.000,00 €	an	4400 VE	119.000,00 €

b) (1) $\text{Nutzungsdauer} = \dfrac{100.000,00\ €}{10.000,00\ €} = 10\ \text{Jahre}$

(2) $100\ \% : 10 = 10\ \%$

(3)

Anschaffungskosten	100.000,00 €
–AfA 1. Jahr 10 %	10.000,00 €
BW Ende 1. Jahr	90.000,00 €
=BW Anfang 2. Jahr	

c) 6520 ABSA an 0840 FP 10.000,00 €

d) 6520 ABSA an 0840 FP 9.999,00 €
Es verbleibt ein Erinnerungswert von 1,00 €.

e) NVP 10.000,00 € ←→ BW 1,00 €

9.999,00 € Gewinn,
da der NVP größer ist als der BW!

(1)	2800 BK	11.900,00 €	an	5410 EAAV	10.000,00 €
				4800 UST	1.900,00 €
(2)	5410 EAAV	10.000,00 €	an	0840 FP	1,00 €
				5460 EAVG	9.999,00 €

188 a)

Rentenversicherung	278,8 Mrd. €
Krankenversicherung	204,0 Mrd. €
Pflegeversicherung	25,4 Mrd. €

b) Unfallversicherung 12,3 Mrd. €

189

Soll	Haben
d	g
i	

90

BA	Datum	Soll	Haben	BNR	Text	B/N	Betrag €	UCo
B	03. 04.	0700	4400	1	Kauf Masch.	N	190.000,00	V19
B	03. 04.	0700	2880	2	Fracht (M)	B	1.785,00	V19
B	03. 04.	4200	2800	3	Rück. Darl.		50.000,00	
B	03. 04.	2700	2800	4	Aktienkauf		12.120,00	
B	03. 04.	6870	4400	5	Werberech.	N	1.000,00	V19
B	03. 04.	6420	2800	6	Unfallvers.		2.800,00	
B	03. 04.	6200	2800	7	BÜ-Löhne		26.138,50	
B	03. 04.	6200	4830	7	einb. LST/KST		10.750,00	
B	03. 04.	6200	4840	7	einb. ANA-SV		10.111,50	
B	03. 04.	6400	4840	7	AGA-SV		9.688,50	
B	03. 04.	2400	5000	8	Zielverkauf FE	N	30.000,00	U19

Bewertung und Ausfall von Forderungen

91 a) Unter Insolvenz versteht man die Zahlungsunfähigkeit, die besteht, wenn eine Person ihre fälligen Zahlungspflichten nicht mehr erfüllen kann.

b) – Zahlungsunfähigkeit
– drohende Zahlungsunfähigkeit

c) Die Eröffnung eines Insolvenzverfahrens muss beim Insolvenzgericht beantragt werden.

d) Insolvenzgericht

e) Gläubiger und Schuldner selber

f) – Antrag
– Eröffnungsbeschluss
– Vermögensverwaltung
– Abschluss des Verfahrens
– Wiederaufleben der Schuldnerhaftung
– evtl. Restschuldbefreiung

g) – **Mangels Masse** → nicht ausreichend Masse
– Reicht das Vermögen nicht mehr aus, um die anfallenden Verfahrenskosten zu decken, wird der Antrag **mangels Masse** abgelehnt.

92 a) 2004 → 39.213 ≙ 100 %
2014 → 24.085 → Rückgang 15.128 ≙ x %

$$x = \frac{15.128 \cdot 100}{39.213} = \underline{\underline{38,58}}$$

Der Rückgang von 2004 bis 2014 beträgt 38,58 %.

b) 2012 → 28.297 ≙ 100 %
2014 → 24.085 → Rückgang 4.412 ≙ x %

$$x = \frac{4.212,00 \cdot 100}{28.297} = \underline{\underline{14,88}}$$

Der Rückgang von 2012 bis 2014 beträgt 14,88 %.

93 a) – einwandfreie Forderungen
– zweifelhafte Forderungen
– uneinbringliche Forderungen

b) (1) Einwandfreie Forderungen sind Forderungen, deren Zahlungseingang bei Fälligkeit sicher ist.
(2) Zweifelhafte Forderungen sind Forderungen, deren Zahlungseingang bei Fälligkeit unsicher ist. Sie werden auch als Dubiose bezeichnet.
(3) Bei uneinbringlichen Forderungen steht der Forderungsausfall (kein Zahlungseingang mehr) fest.

c) – Kunde stellt Zahlungen ein
– Kunde zahlt trotz wiederholter Mahnung nicht
– gegen den Kunden wird ein Insolvenzverfahren beantragt

d) – Insolvenzverfahren wird mangels Masse eingestellt
– Zwangsvollstreckung gegen Kunden war fruchtlos
– Kunde macht die „Einrede der Verjährung" geltend

e) Zweifelhafte Forderungen werden als Dubiose bezeichnet.

194 a) Aus Gründen der Bilanzklarheit und Übersichtlichkeit müssen die zweifelhaften Forderungen von den einwandfreien Forderungen buch- und bilanzmäßig getrennt werden.

b) 2470 ZWFO an 2400 FO

195 a)	2470 ZWFO	an	2400 FO	24.395,00 €
b)	2470 ZWFO	an	2400 FO	7.140,00 €
c)	2470 ZWFO	an	2400 FO	7.735,00 €
d)	2470 ZWFO	an	2400 FO	11.900,00 €

196 a) Bremen höchste Schuldnerquote, Bayern geringste Schuldnerquote

b) Arbeitslosigkeit; Trennung/Scheidung/Tod; Erkrankung/Sucht/Unfall

197 – Überschuldung
– unkontrolliertes Konsumverhalten
– Arbeitslosigkeit
– Vorsatz

198 a) Bei der direkten Abschreibung wird der Forderungsverlust unmittelbar (= direkt) im Konto 2470 ZWFO (= aktives Bestandskonto) im Haben gebucht.

b) Wenn der Forderungsausfall endgültig feststeht, darf die Umsatzsteuer korrigiert werden.

c) Die Umsatzsteuerschuld wird vermindert (4800 UST im Soll!).

199

a)	2470 ZWFO		an	2400 FO	16.136,40 €
b)	6950 ABFO	13.560,00 €			
	4800 UST	2.576,40 €	an	2470 ZWFO	16.136,40 €
c)	6950 ABFO	8.930,00 €			
	4800 UST	1.696,70 €	an	2470 ZWFO	10.626,70 €
d)	6950 ABFO	20.600,00 €			
	4800 UST	3.914,00 €	an	2470 ZWFO	24.514,00 €

200 a) 2400 FO

b) Zweifelhafte und einwandfreie Forderungen werden während des laufenden Geschäftsjahres direkt abgeschrieben, wenn ihr Ausfall feststeht.

201

6950 ABFO	7.890,00 €			
4800 UST	1.499,10 €	an	2400 FO	9.389,10 €

202 a) Im Rahmen eines Insolvenzverfahrens wird der Eröffnungsantrag abgelehnt, wenn die sogenannten Massekosten nicht gedeckt sind.

b) Zu den Massekosten zählen z. B. die Aufwendungen für den Insolvenzverwalter und die Gerichtskosten; es sind also die Kosten des Insolvenzverfahrens.

c) Die verwertbare Insolvenzsumme (also ohne Massekosten) wird zur Befriedigung der Gläubiger herangezogen. Die daraus gebildete Quote ergibt die sog. Insolvenzquote.

d) Insolvenzquote = Zahlungseingang (aus der Sicht der Gläubiger)

e) Zweifelhafte Forderung
– Zahlungseingang

Bruttoausfall ⟶ : 119 x 19
– enthaltene Umsatzsteuer

Nettoausfall

203 a)

Zweifelhafte Forderung	133.280,00 €
– Zahlungseingang	46.648,00 €
Bruttoausfall	86.632,00 €
– enthaltene Umsatzsteuer (: 119 x 19)	13.832,00 €
Nettoausfall	72.800,00 €

2800 BK	46.648,00 €			
6950 ABFO	72.800,00 €			
4800 UST	13.832,00 €	an	2470 ZWFO	133.280,00 €

b)

Zweifelhafte Forderung	59.500,00 €
– Zahlungseingang	17.850,00 €
Bruttoausfall	41.650,00 €
– enthaltene Umsatzsteuer (: 119 x 19)	6.650,00 €
Nettoausfall	35.000,00 €

2800 BK	17.850,00 €			
6950 ABFO	35.000,00 €			
4800 UST	6.650,00 €	an	2470 ZWFO	59.500,00 €

c) (1) 2470 ZWFO an 2400 FO 8.687,00 €

(2)

Zweifelhafte Forderung	8.687,00 €
– Zahlungseingang	4.777,85 €
Bruttoausfall	3.909,15 €
– enthaltene Umsatzsteuer (: 119 x 19)	624,15 €
Nettoausfall	3.285,00 €

2800 BK	4.777,85 €			
6950 ABFO	3.285,00 €			
4800 UST	624,15 €	an	2470 ZWFO	8.687,00 €

(3) $\text{Insolvenzquote} = \dfrac{\text{Zahlungseingang} \cdot 100}{\text{ZWFO}} = \dfrac{4.777{,}85\ € \cdot 100}{8.687{,}00\ €} = \underline{\underline{55{,}00}}$

Die Insolvenzquote beträgt 55,00 %.

d)

Zweifelhafte Forderung	10.710,00 €
– Zahlungseingang (: 70 x 100)	7.497,00 €
Bruttoausfall	3.213,00 €
– enthaltene Umsatzsteuer (: 119 x 19)	513,00 €
Nettoausfall	2.700,00 €

2800 BK	7.497,00 €			
6950 ABFO	2.700,00 €			
4800 UST	513,00 €	an	2470 ZWFO	10.710,00 €

204 a) Bei Zahlungseingängen auf eine vollständig abgeschriebene Forderung lebt die Umsatzsteuerpflicht wieder auf.

b) Der Zahlungseingang ist in Nettobetrag und anteilige Umsatzsteuer aufzuspalten.

c)

2800 BK	8.449,00 €	an	5495 EFO	7.100,00 €
			4800 UST	1.349,00 €

205 a) vorbereitende Abschlussbuchung

b) nach dem Prinzip der kaufmännischen Vorsicht

c) am Jahresende (beim Jahresabschluss)

d) bei einem Insolvenzverwalter, Auskunfteien

e) Bei der indirekten Abschreibung von zweifelhaften Forderungen wird die Gegenbuchung nicht direkt auf dem Konto 2470 ZWFO (Aktivkonto), sondern auf einem eigenen Passivkonto (3670 EWB) getätigt.

f) Die Berichtigung der Umsatzsteuer darf erst erfolgen, wenn der wirkliche Ausfall bekannt ist.

206 a) C5=B5/119*19

b) D6=B6−C6

c) F7=D7*E7

d) F8=Summe(F5:F7)

207 a)

Kunde	Zweifelhafte Forderung brutto	anteilige Umsatzsteuer	Zweifelhafte Forderung netto	geschätzter Ausfall in Prozent	geschätzter Ausfall in Euro
Angel	8.817,90 €	1.407,90 €	7.410,00 €	35 %	2.593,50 €
Bengel	17.969,00 €	2.869,00 €	15.100,00 €	80 %	12.080,00 €
Klügel	2.320,50 €	370,50 €	1.950,00 €	20 %	390,00 €
		Summe der geschätzten Ausfälle			15.063,50 €

b)

6950 ABFO	an	3670 EWB	15.063,50 €

c) – Buchung im Haben auf 3670 EWB
– keine Umsatzsteuerkorrektur

208 a) – Laufende Insolvenzverfahren werden abgeschlossen.
– Bei anderen Kunden können sich Zahlungsschwierigkeiten ergeben.

b) – Auffüllen (Erhöhung) der EWB;
– Herabsetzung (Auflösung) der EWB.

c) (1) Auffüllen → Erforderliche EWB > Bestand aus Vorjahr
(2) Auflösen → Erforderliche EWB < Bestand aus Vorjahr

d) (1) Erhöhung → 6950 ABFO (Aufwand)
(2) Herabsetzung → 5450 EAWB (Ertrag)

e) Der Forderungsausfall steht noch nicht fest.

209

erforderliche EWB	21.870,00 €
– vorhandene EWB	26.890,00 €
aufzulösende EWB	(–) 5.020,00 €

3670 EWB	an	5450 EAWB	5.020,00 €

210 a)

Kunde	Zweifelhafte Forderung brutto	anteilige Umsatz-steuer	Zweifelhafte Forderung netto	geschätzter Ausfall in Prozent	geschätzter Ausfall in Euro
Alpha	24.543,75 €	3.918,75 €	20.625,00 €	60 %	12.375,00 €
Beta	8.181,25 €	1.306,25 €	6.875,00 €	90 %	6.187,50 €
Gamma	16.362,50 €	2.612,50 €	13.750,00 €	20 %	2.750,00 €
	49.087,50 €	Summe der geschätzten Ausfälle			21.312,50 €

b)

erforderliche EWB	21.312,50 €
– vorhandene EWB	19.400,00 €
aufzufüllende EWB	1.912,50 €

6950 ABFO	an	3670 EWB	1.912,50 €

c) Die Aufwendungen werden erhöht und somit wird der zu ermittelnde Erfolg geringer.

d)	3670 EWB	an	8010 SBK	21.312,50 €
e)	8010 SBK	an	2470 ZWFO	49.087,50 €

211 a) Die Einzelbewertung betrifft die zweifelhaften Forderungen, die Pauschalbewertung die einwandfreien Forderungen.

b) Bei der indirekten Abschreibung von einwandfreien Forderungen wird die Gegenbuchung nicht direkt auf dem Konto 2400 FO (Aktivkonto), sondern auf einem eigenen Passivkonto (3680 PWB) getätigt.

c) Die PWB wird aus dem Bestand der Nettoforderungen ermittelt.

212

Einwandfreie Forderungen	236.810,00 €	: 119 x 19
– enthaltene Umsatzsteuer	37.810,00 €	
= Nettoforderungen	199.000,00 €	

davon 1 % PWB = 1.990,00 €

6950 ABFO an 3680 PWB 1.990,00 €

213

(Soll 2400 FO)	162.435,00 €	
– (Haben 2400 FO)	27.489,00 €	
	134.946,00 €	
Einwandfreie Forderungen	134.946,00 €	: 119 x 19
– enthaltene Umsatzsteuer	21.546,00 €	
= Nettoforderungen	113.400,00 €	

davon 1 % PWB = 1.134,00 €

6950 ABFO an 3680 PWB 1.134,00 €

214

a) – Auffüllen der PWB
– Herabsetzung der PWB

b) (1) Auffüllen → erforderliche PWB > Bestand aus Vorjahr
(2) Herabsetzung → erforderliche PWB < Bestand aus Vorjahr

c) (1) Erhöhung → 6950 ABFO (Aufwand)
(2) Herabsetzung → 5450 EAWB (Ertrag)

d) Der Forderungsausfall steht noch nicht fest.

215

erforderliche PWB	7.870,00 €
– vorhandene PWB	9.750,00 €
aufzulösende PWB	(–) 1.880,00 €

3680 PWB an 5450 EAWB 1.880,00 €

216

Einwandfreie Forderungen	451.605,00 €	: 119 x 19
– enthaltene Umsatzsteuer	72.105,00 €	
Nettoforderungen	379.500,00 €	
davon 1 % PWB	3.795,00 €	
– vorhandene PWB	2.680,00 €	
aufzufüllende PWB	1.115,00 €	

6950 ABFO an 3680 PWB 1.115,00 €

217

Einwandfreie Forderungen	254.660,00 €	: 119 x 19
– enthaltene Umsatzsteuer	40.660,00 €	
Nettoforderungen	214.000,00 €	

Die PWB beträgt 2.140,00 € (siehe Buchungssatz)

$$\text{Prozentsatz der PWB} = \frac{\text{PWB in €} \cdot 100}{\text{Nettoforderungen}} = \frac{2.140,00\text{ €} \cdot 100}{214.000,00\text{ €}} = 1,00$$

Der Prozentsatz der PWB beträgt 1,00 %.

218

a) Als Factoring bezeichnet man den Verkauf von Geldforderungen aus Waren- und Dienstleistungsgeschäften.

b) der Anschlusskunde → das Unternehmen, das Forderungen verkauft;
der Factor → das Factoring-Institut, das diese Forderungen ankauft.

c) – Steigerung der Liquidität
– kein Ausfallrisiko
– Arbeitsersparnis

d) – Kunden können verunsichert werden
– zusätzliche Kosten

Bestandsveränderungen

219 a) Die Kosten der Lagerhaltung lassen sich gering halten.

b) Ein gewisser Mindestbestand (= linearer Bestand) ist trotzdem erforderlich, um Produktionsverzögerungen zu verhindern.

c) Die **4-R-Methode** (Just-in-time-Verfahren) besagt, dass die Werkstoffe in der **r**ichtigen Menge, zum **r**ichtigen Zeitpunkt, in der **r**ichtigen Reihenfolge, am **r**ichtigen Ort verarbeitet werden.

d) Minderbestand; Mehrbestand

e) Ein Minderbestand ergibt sich, wenn der Schlussbestand kleiner ist als der Anfangsbestand, d. h. es wurden mehr Werkstoffe verbraucht (mehr Handelswaren verkauft) als eingekauft.

f) Ein Mehrbestand liegt vor, wenn der Schlussbestand größer ist als der Anfangsbestand, d. h. es wurden weniger Werkstoffe verbraucht (weniger Handelswaren verkauft) als eingekauft.

g)

(1) Aufwandskonto	an	Bestandskonto
z. B.: 6020 AWH	an	2020 H
(2) Bestandskonto	an	Aufwandskonto
z. B.: 2280 HW	an	6080 AWHW

h) Mindestbestand = eiserner Bestand

i) Einkäufe
+ Bezugskosten
– Rücksendungen
– Preisnachlässe
+ Minderbestand
oder
– Mehrbestand
= Verbrauch

220 a) Der Schlussbestand ist größer als der Anfangsbestand → Mehrbestand!

2000 R	an	6000 AWR	17.600,00 €

b)	Einkäufe	163.700,00 €
	– Mehrbestand	17.600,00 €
	= Verbrauch von Rohstoffen	146.100,00 €

221

Schlussbestand		91.200,00 €
– Anfangsbestand		97.600,00 €
= Minderbestand	(–)	6.400,00 €

6010 AWF	an	2010 F	6.400,00 €

222

a)	6080 AWHW	an	6081 BZKHW	1.480,00 €
b)	6012 NF	an	6010 AWF	2.810,00 €
c)	2280 HW	an	6080 AWHW	12.100,00 €
d)	6030 AWB	an	2030 B	2.600,00 €
e)	6010 AWF	an	2010 F	7.200,00 €
f)	2000 R	an	6000 AWR	4.600,00 €

223 a) (1) Ein Minderbestand z. B. bei den unfertigen Erzeugnissen entsteht, wenn der Schlussbestand kleiner ist als der Anfangsbestand.

(2) Ein Mehrbestand liegt vor, wenn der Schlussbestand größer ist als der Anfangsbestand, d. h. es wurden mehr Erzeugnisse hergestellt als verkauft.

b) 5200 BV (Bestandsveränderungen)

c) Das Konto 5200 BV nimmt in der Kontenklasse 5 – Erträge – eine Sonderstellung ein: Es erfasst sowohl Aufwendungen (Minderbestand) als auch Erträge (Mehrbestand) und kann deshalb entweder Aufwandscharakter oder Ertragscharakter haben.

224 a)

2100 UFE:			**2200 FE:**		
SB		82.000,00 €	SB		261.000,00 €
– AB		110.000,00 €	– AB		227.000,00 €
= MI	(–)	28.000,00 €	= ME	(+)	34.000,00 €

5200 BV	an	2100 UFE	28.000,00 €
2200 FE	an	5200 BV	34.000,00 €

b)

5200 BV	an	8020 GUV	6.000,00 €

225 a)

2100 UFE:			**2200 FE:**		
SB		16.500,00 €	SB		24.000,00 €
– AB		12.000,00 €	– AB		37.000,00 €
= ME	(+)	4.500,00 €	= MI	(–)	13.000,00 €

2100 UFE	an	5200 BV	4.500,00 €
5200 BV	an	2200 FE	13.000,00 €

b) 8020 GUV an 5200 BV 8.500,00 €

226 a) 5200 BV an 2200 FE 18.200,00 €

b) 2100 UFE an 5200 BV 6.300,00 €

c) 2200 FE → Minderbestand
2100 UFE → Mehrbestand

d) 8020 GUV an 5200 BV 11.900,00 €

e) **2200 FE:** AB 129.400,00 € SB 111.200,00 € Minderbestand 18.200,00 €

f) **2100 UFE:** AB 83.000,00 € SB 89.300,00 € Mehrbestand 6.300,00 €

227 a) (: 119 × 100)

2800 BK	2.332,40 €	an	5495 EFO	1.960,00 €
			4800 UST	372,40 €

b) 2470 ZWFO an 2400 FO 17.255,00 €

c) (: 119 × 100)

6950 ABFO	8.600,00 €			
4800 UST	1.634,00 €	an	2400 FO	10.234,00 €

d)

Zweifelhafte Forderung	17.255,00 €	
– Zahlungseingang	5.176,50 €	(30 % aus 17.255,00 €)
Bruttoausfall	12.078,50 €	: 119 x 19
– enthaltene Umsatzsteuer	1.928,50 €	
Nettoausfall	10.150,00 €	

2800 BK	5.176,50 €			
6950 ABFO	10.150,00 €			
4800 UST	1.928,50 €	an	2470 ZWFO	17.255,00 €

e)

6950 ABFO	21.000,00 €			
4800 UST	3.990,00 €	an	2470 ZWFO	24.990,00 €

f) 2470 ZWFO an 2400 FO 20.825,00 €

228

Summe der geschätzten Ausfälle	13.500,00 €		
– EWB aus Vorjahr	16.400,00 €		
Herabsetzung der EWB	(–) 2.900,00 €		
3670 EWB	an	5450 EAWB	2.900,00 €

229

a)

	geschätzter Ausfall
Kunde Eichinger (17.850,00 : 119 · 70)	10.500,00 €
– Kunde Preu (41.650,00 : 119 · 20)	7.000,00 €
Summe der geschätzten Ausfälle	17.500,00 €
– EWB aus dem Vorjahr	14.500,00 €
b) Erhöhung der EWB	3.000,00 €

6950 ABFO an 3670 EWB 3.000,00 €

c) z. B.:
- laufende Insolvenzverfahren werden abgeschlossen;
- andere Kunden können in Zahlungsschwierigkeiten geraten.

230

Einwandfreie Forderungen	261.800,00 €	: 119 x 19	
– enthaltene Umsatzsteuer	41.800,00 €		
Nettoforderungen	220.000,00 €		
davon 1 % PWB	2.200,00 €		
– vorhandene PWB	2.500,00 €		
aufzulösende PWB	(–) 300,00 €		
3680 PWB	an	5450 EAWB	300,00 €

231

Einwandfreie Forderungen	423.640,00 €	: 119 x 19	
– enthaltene Umsatzsteuer	67.640,00 €		
Nettoforderungen	356.000,00 €		
davon 1 % PWB	3.560,00 €		
– vorhandene PWB	3.120,00 €		
aufzufüllende PWB	440,00 €		
6950 ABFO	an	3680 PWB	440,00 €

232

Sollseite 2400 FO	324.870,00 €	
– Habenseite 2400 FO	54.978,00 €	
Saldo Forderungen	269.892,00 €	: 119 x 19
– enthaltene Umsatzsteuer	43.092,00 €	
Nettoforderungen	226.800,00 €	

davon 1 % PWB		2.268,00 €	
– vorhandene PWB		2.768,00 €	
aufzulösende PWB		(–) 500,00 €	
3680 PWB	an	5450 EAWB	500,00 €

233

SB	58.200,00 €
– AB	70.500,00 €
Minderbestand	(–) 12.300,00 €

5200 BV	an	2100 UFE	12.300,00 €

234

SB	21.500,00 €
– AB	17.900,00 €
Mehrbestand	3.600,00 €

2020 H	an	6020 AWH	3.600,00 €

235

a)	2030 B	an	6030 AWB	2.800,00 €
b)	6082 NHW	an	6080 AWHW	1.900,00 €
c)	6000 AWR	an	2000 R	11.700,00 €
d)	6030 AWB	an	6031 BZKB	850,00 €
e)	2010 F	an	6010 AWF	9.100,00 €

236

a)	5200 BV	an	2100 UFE	9.200,00 €
b)	2200 FE	an	5200 BV	23.700,00 €

c) 2100 UFE → Minderbestand
2200 FE → Mehrbestand

d)	5200 BV	an	8020 GUV	14.500,00 €

e) **2100 UFE:**

AB	SB	Minderbestand
30.000,00 €	20.800,00 € ←	9.200,00 €

f) **2200 FE:**

AB	SB	Mehrbestand
46.300,00 € →	70.000,00 €	← 23.700,00 €